정치적 인간의 우화
한비자의 스케치

-일러두기-

- 이 책은 방일영 문화재단의 지원을 받아 저술·출판 되었습니다.

- 이 책은 중국 베이징 中華書局에서 출간된 [韓非子集解](2019), 作 王先慎撰·钟哲点校를 기본서로 하였으며, 국문 번역본으로는 [韓非子](2002), 이운구 옮김, 한길그레이트북스/ [韓非子](2012), 신동준 저, 인간사랑/ [韓非子](1983), 성동호 譯解, 홍신문화사 등을 두루 참조하였습니다.

HOMO POLITICUS
목 차

고대인 한비자의 현대적 메시지	5
설림편	35
내저설 상편	85
내저설 하편	122
외저설 좌상편	151
외저설 좌하편	192
외저설 우상하편	222
스케치 &	245
스케치를 마치며	264

한비자의 스케치

정치적 인간의 우화

고대인 한비자의 현대적 메시지

역린, 화씨지벽, 누란의 위기, 모순…

고대부터 지금까지 각종 콘텐트에 지속적으로 반복 인용되는 옛이야기의 원전은 [한비자韓非子]일 때가 많다. [한비자]는 고대 스토리의 보고다. 특히 한비자가 그려낸 이야기 속엔 정치적 인간(Homo Politicus)에 관한 우화적 스케치가 넘친다. 잔혹하고 처절한 서사를 냉철하면서도 유머러스하게 그리는 것이야말로 그만의 특징이다.

나는 [한비자]의 글은 장르로 보자면 언론 글이라고 여기저기서 주장한 바 있다. 그의 글은 보통 고전에서 만나는 사상가들처럼 가정과 비유를 통해 관념적으로 자신의 사상을 피력하지 않는다. 실제로 일어났던 팩트(fact)에 근거해 집요하게 사안을 분석하고, 주장을 피력한다. 요즘 신문 칼럼처럼 말이다.

그러다보니 [한비자]엔 당대 사건이나 사람들과 관련된 다양한 팩트와 일화가 빼곡하다. 고대 스토리 보고라는 건 그래서다. 이 일화들의 전개 방식은 특정 순간을 포착해 묘사하는 전형적인 스케치 기사 형식이다. <설림> <내저설> <외저설> 편은 통째로 스케치다. 당시의 풍속과 사회 정황, 인물들의 다양한 일화를 모아놓은 것이다. 어쨌든 여기에 있는 글들은 짧지만, 강렬한 장면을 포착한 재미있는 일화들이어서 문학적 글감으로도 더 말할 나위 없는 좋은 자료가 된다.

그래서 후대 문학가들도 이 글에 솔깃할 수밖에 없었을 것이다. 이 일화들은 이후에도 많은 소설과 옛이야기, 시詩뿐 아니라 각종 논설과 칼럼에 수시로 인용되고, 모티브로도 활용되며 꾸준히 재생산돼 왔다. 동양권 문학과 스토리 예술에 가장 크게 기여한 고대인을 꼽으라면 단연 한비자가 맨 앞줄에 설 수밖에 없는 이유다.

그가 깨알같이 취재해 모으고 유머러스하게 정리한 이 이야기들은, 그러나 한 번 웃고 잊어도 되는 '팝스토리'는 아니다. 아예 잊히지 않고 가슴에 깊이 남아 음미하게 된다. 모두 이유가 있고, 생각의 여운을 많이 남긴다.

이 이야기들이 인간의 본색을 적나라하게 드러내는 이야기여서 그럴 거다. 앞과 뒤가 다르고, 겉과 속이 다르고, 자기 이익을 위해 잔머리를 굴리고, 입으론 대의를 외치며 그럴듯한 명분을 내걸면서도 실상은 자기

실속을 알차게 챙기는 모습 등. 이런 이야기를 통해 피상적 상상을 통한 인간이 아닌, 정치적 인간의 본질적 모습에 대한 영감을 얻게 된다. 그래서일 거다. 그의 이야기가 잊히지 않고, 수천 년을 지나 오늘까지 남게 된 것은.

여기에선 주로 <설림> <내저설> <외저설> 편에 쌓여 있는 깨알 같은 스케치를 현대 언어로 풀어서 리라이트(rewrite)할 생각이다. 성인을 위한 '옛날에~ 옛날에~' 같은 이야기들. 쉽고 재미있지만, 가끔씩은 변치 않는 인간 본질에 섬뜩함이 느껴지기도 할 것이다.

또 하나. 이 옛날 이야기를 우리 시대 시민들을 위한 쉬운 정치교양으로 소개하고 싶었다. 권력을 둘러싼 정치적 인간들의 본질을 쉽고 재미있게 학습할 수 있는 정치 교양 입문서쯤으로 말이다. 이 시대 주권자인 시민이 정치인, 정치적 인간의 본질을 알아야 선택에서 실수하지 않을 것이니 말이다.

본격적인 한비자의 우화적 스케치에 들어가기에 앞서 왜 이 시점에 '한비자 다시 보기'를 추천하는지에 관해 말하고 싶다. 몇 년 전 [월간중앙](2020년 12월호)에 기고한 원고에 이 이야기를 자세히 쓴 적이 있어서 이 원고를 기반으로 손질해서 여기에 쓴다.

이익 탐하는 인간과 정치
진화 멈춘 본질 간파한 한비자

[한비자]를 몇 장만 읽어 보면 알게 된다. 이게 옛날 이야기가 아니라는 걸 말이다. 이 이야기들은 2천300여 년 전에 쓰인 것이지만, 지금도 어느 곳에서든 일어나는 일이다. 한비자가 이 안에 다룬 이야기는 온통 정치와 정치적 인간에 관한 우화로 점철돼 있다. 사람에 관한 이야기지만 '그리하여 인간은 아름답다'라는 결론에 도달하는 보통의 휴먼스토리와는 확연히 구분된다. 냉정하게 들여다본 '날것'으로서 인간의 모습은, 이미 누구나 알고 있으나 외면하고 싶었던 모습, '그리하여 인간은 징글징글하다'라는 모습을 생생히 드러낸다.

그래서 우리는 또 알게 된다. 수천 년이 지나도 인간의 본질은 진화하지 않는다는 것. 특히 정치 주변을 기웃거리는 인간들의 행동양식은 수천 년 동안 변함없이 똑같다는 것을 말이다.

[한비자]는 이렇게 진화가 멈춘 정치와 정치 주변 인사들의 '루틴(routine)'을 다룬다. 우선 자기 잇속부터 챙기고, 모함하고, 모략을 일삼고, 이권을 위해 투쟁하고, 백성을 억울하게 만드는 그들의 '평범한 본질'.

여기에 더해 또 하나의 문제가 제기된다.

이런 정치적 인간들의 반대편에 있는 사람들. 즉 권력에 대한 치열한 욕망보다 염치를 챙기고 자신의 깨끗함을 중시하는 일명 '순정주의자'들은 정치에 발을 담그려 하지 않는다는 것이다.

한비자는 현실정치를 외면하는 이런 선비들을 향해 '쓸모없는 인간'이라며 일갈한다. 자기 얼굴만 챙기느라 백성과 사회의 부조리를 외면하는 이기적 인간이라면서 말이다. 하지만 자신의 순정한 이미지를 최고의 가치로 추구하는 이들은 유사 이래 지금까지도 역시나 똑같이 자신은 꼼짝도 않고, 현실 정치에서 복닥거리는 인간 군상을 향해 혀를 끌끌 차며 못마땅해 한다.

그러므로 택할 수 있는 현실은 정치와 관직을 지향하는 욕망의 본능을 타고난 자들을 골라 쓰는 것이다. 관건은 그런 이들을 어떻게 잘 이끌어 나라를 위해 써먹을 수 있느냐다. 그것이 바로 '군주의 기술'이다.

'군주'. 이 구태의연하고 전근대적인 단어를 지금 우리 시대에 끌어내는 게 과연 의미 있는 일인지 의심하는 독자도 있을 것이다. 그런데도 나는 지금까지 한비자와 관련한 책을 두 권 출판했다. [적우:한비자와 진시황]과 [21세기 군주론-국민주권시대의 제왕학]이다. 전자는 소설이고, 후자는 제왕학 입문서다. 한비자는 제왕학 교과서다.

'군주' '제왕학'이라는, 전근대적이고 시대착오적인 이야기를 이렇게 꾸준히 쓰는 데는, 나름의 현대적인 이유가 있다. 국민주권시대에 군주의 기술을 가져야 하는 사람은 정치인뿐 아니라 일반 시민도 해당하므로, 시민 역시 군주의 리더십을 알아야 한다고 생각해서다.

사실 한비자를 우리 시대의 국민 정치 기술로 소환하는 일은 쉽지 않다. 그 쉽지 않음과 그럼에도 불구하고 한비자를 불러내려는 이유를 차근히 말하겠다.

알고 보면 친숙한 한비자

한비자를 이 시대에 끌어 내려는 시도가 그다지 쉽지 않은 가장 큰 이유는 그가 한국인에게 친숙한 인물이 아니라는 점 때문이다.

성리학 전통이 강한 우리나라에서는 한비자를 이단으로 백안시하는 경향마저 있다. 그러니 한비자를 다루는 글들은 인기가 없다. 일부 제왕적 지배 논리를 세우고 싶은 CEO를 위한 경영전략으로 소개된 것 외에는 말이다.

한데 알고 보면 우리는 누구나 한비자를 알고 있고, 꽤 친숙하다. 중국 문학 안에 수없이 반복 인용되는 [한비자]를 통해서다. 물론 해당 글에서 출처를 밝히지 않아 그 연원이 한비자인지 모르는 경우가 많기는 하지만. 콘텐트로서의 한비자는 예부터 지금까지 반복 재생되고 있다. 예를 들어볼까.

[삼국지]에서 조조가 "신하는 손과 같다"고 말하는 대목이 있다. 손은 얼굴도 씻지만 발도 닦고 뒤도 닦는다. 또 추위가 닥치면 얼굴을 가리고 적이 공격하면 손으로 막는다는 대목이 바로 한비자에서 나오는 내용이다. 조조가 유비와 청매실을 안주 삼아 한잔하며 용을 그리는 대목도 그 용을 묘사하는 출처를 따지고 들어가 보면 한비자로 거슬러 올라간다. 우리나라에서 일상적으로 쓰이는 '역린'의 출처도, '누란'의 위기처럼 뉴스 용어로 정착된 이 단어 역시 한비자에서 유래한다.

내가 한비자를 불러내려고 애쓰는 이유는 하나다. 그의 통찰력이 가진 '현재성' 혹은 '통시대성' 때문이다. 기원전 사람을 놓고 이게 무슨 말이냐 싶겠지만, 내가 보는 현재성이란 그 콘텐트 자체에 담긴 내용이 아니라 통찰력이다. 그러나 그의 통찰력에 이르기까지는 넘어야 할 관문들이 많다. 여기에서 그 관문들을 하나씩 넘어가 보겠다.

관문 1 | 냉혹한 법가 한비자

[한비자]는 표면적으로 쓰인 내용만 쫓아보면 현대 사회와는 부조화하다. '세상에 군주보다 더 귀한 건 없다'거나 '서자들이 나대도록 놔두면 안 된다'거나 하는 말들은 지금 시대로 보면 아주 시대착오적인 '꼰대'같은 말로 들린다. 실제로 [한비자] 안에는 이런 종류의 내용이 많다.

심지어 선비란 왕의 부름에 냉큼 달려와 신하가 되는 사람만이 가치가 있다고 역설한다. 자기 세계를 누리며 유유자적하느라 신하 되기를 거부하는 선비는 죽이는 게 답이라는 섬뜩한 결론도 내린다. 다스려지지 않는 백성과 선비는 거둘 필요가 없다는 논리도 편다. 인간을 도구화하는 냉혹한 말이 아닐 수 없다.

인권·자유·평등 같은 개념은 아예 없다. 이런 대목들은 현대인들에게 거부감을 일으키게 하고, 결코 동의할 수 없는 부분이기도 하다. 그래서 한편에선 이런 부분을 지적해 한비자를 비판하는 목소리도 나온다. 그런가

하면 또다른 한편으론 [한비자] 안에 있는 이런 못된 지식만 집어내 '갑질'에 활용하려는 시도 역시 도처에서 일어난다. 이것이 한비자를 원전 그대로는 현대에서 소화하기 어려운 이유다.

[한비자]는 주의 깊게 읽어야 한다. 철저한 고전 읽기의 눈을 가지지 않으면 [한비자]에선 얻을 게 별로 없거나 잘못된 길을 잡을 수 있다. 고전 읽기의 눈이란 그 글이 쓰인 시대 배경과 역사성을 알아야 한다는 말이다.

한비자의 시대는 전국시대 말기였다. 이미 수없이 난립했던 제후들은 7개 나라로 재편되고, 그나마 명맥을 유지하던 천자라 불렸던 주 왕실도 이미 문을 닫은 후였다. 당시의 국제질서는 합종과 연횡이라는 두 축의 모략으로 부딪치고 있었다. 합종은 당대의 초강대국인 진나라에 대항해 약한 6국이 연합하려는 움직임이었고, 연횡은 진秦나라에 사대하며 연명을 구하는 방식으로 국제질서를 만들고자 하는 것이었다. 합종이 성공하면 초나라가 패자가 되고, 연횡이 성공하면 진나라가 패자가 된다는 전망이 득세했던 시대다. 단순한 힘겨루기나 땅 넓히기가 아니라 중원의 패권 쟁탈전으로 방향을 잡아 나가던 시기였다.

문명적으로는 노예제에서 봉건제 사회로 진화하면서

제후국마다 전제 권력을 강화하는 한편에선 여전히 노예제를 기반으로 한 지방 대부들이 제후와 힘겨루기를 하던 혼란한 시절이었다. [한비자]에 등장하는 여러 구체적 상황은 이런 시대적 산물이다. 이렇게 그 시대에서 연원한 사고방식과 습관, 행동양식 등 '특별한 사정'을 감안하고 읽지 않으면 고전에선 얻을 게 없다.

중국의 역사 해설가 리중톈은 "전국시대 말기를 가장 정확하게 진단한 사람은 묵자였고, 유일하게 처방을 내린 사람은 한비자였다"고 했다.

묵자의 진단이란 어떤 미사여구를 들이대더라도 결국 인간은 이익을 위해 살고 죽으며 이익만을 추구하고, 모든 다툼은 이해관계 때문에 일어난다는 통찰이다. 묵자는 현실을 직시하는 데에는 성공했지만, 그 해법은 '사랑'이라는 이상론이었다. 사랑하는 마음으로 이익을 나누어야 혼란을 잠재울 수 있다는 '겸상애교상리'兼相愛交相利의 해법이다.

이 때문에 묵자의 해법은 마치 천년에 한 번 아무도 모르게 피었다 지는 '우담바라'와 같다는 비판을 듣는다. 인간이 이익을 나눌 수 있는 존재였다면, 애당초 그처럼 피가 강을 이루는 참혹한 전쟁을 반복하지 않았을 것이라는 점을 묵자는 간과했다는 것이다.

이에 비해서 한비자는 현실적이었다. 한비자는 실제로 이런 혼란의 원인이 무엇인지 진단하는 것에는 관심을 보이지 않는다. 다만 해결책에 몰두한다.

그는 옛 춘추시대 제나라 승상 관중의 입을 빌어 "강은 물과 육지를 가르는 강변과 같은 경계가 있지만, 인간의 이익을 추구하는 마음은 끝이 없으니 경계선이 존재하지 않는다"는 말로 인간에게 이익은 나눌 수 있는 문제가 아님을 설파한다.

실제로 인간은 이익을 나눌 만큼 사랑하는 마음을 가지는 존재가 아니다. 서로 사랑해 결혼을 약속하고도 혼수 때문에 결혼이 깨지고 원수가 되는 일도 흔하다. 부모-자식 간에도 재산 문제로 송사를 벌이고, 형제간에도 재산 때문에 원수가 되는 일은 흔히 볼 수 있는 '인간의 과정'이기도 하다.

이익을 포기하지도 양보하지도 않는 인간. 그러면서도 자신은 이익에 얽매이는 사람이 아닌 척하며 위선의 가면을 쓰는 데 진력하는 인간. 인간의 실존이 허접하고 참혹한 것은 그래서다.

한비자는 이익 때문에 흩어지고 뭉치는 인간의 본성, 그 자체를 '디폴트값'으로 놔둔다. 그리고 사랑하라거나 도리를 지키라고 훈계하지 않는다. 다만 인간은 다스리는 방법으로 통제해야 한다는 대안을 내놓은 것이다.

이 혼란을 잠재울 수 있는 건 군주가 인간의 감정이나 개인기가 아닌 '법술'로 백성들을 다스리는 것이다. 즉 법치를 확립하는 것이고, 법치 확립의 주체는 오직 군주였다. 그래서 그에게 군주보다 더 중요한 건 없었다.

관문 2 | 언론인 한비자

한비자의 글은 요즘 글의 장르로 보면 언론 글이다. 본래 중국 고대 사상은 우리가 알고 있는 '철학'의 장르에 속하지 않는다. 인과를 논하거나 본질을 탐구하는 철학적 사고가 없다는 점에서 그렇다. 그저 특정 사상을 주장하면서, 훈계하거나 현실적 기술을 묘사한다.

또 선진시대의 중국 고대 사상가 중에선 자기 글로 생각을 남긴 사람이 많지 않다. 대략 성경처럼 제자들이 '선생님이 이렇게 말씀하셨다'며 후술하는 형태다. 자기 글을 가진 사람으로는 순자와 한비자가 대표적이다. 둘은 사제 간이다. 순자의 제자들은 자기 글을 남긴다. 한비자는 말할 것도 없고, 한비자에게 독배를 보내 자살을 유도한 이사의 글도 몇 편이 남아 있다.

순자와 한비자의 글 쓰는 스타일은 좀 다르다. 순자는 자신의 숙고와 성찰의 결과를 주로 썼다면, 한비자는 자신의 주장, 즉 법이 통하는 사회를 관철하기 위해 촘촘하게 취재한 다양한 사례를 통해 주장을 뒷받침하는 방식으로 써 내려간다. 순자는 선생님의 글이라면, 한비자는 전형적인 언론인의 글이다.

그의 글은 상주문·편지·스케치·아포리즘·논평 등 다양한 형태가 섞여 있다. [한비자]라는 책을 엮은 형식을 보면 훗날 한비자의 글을 한 점이라도 더 그러모으느라 그야말로 연습장까지 다 뒤진 흔적이 보인다.

그런 [한비자]에서 재미있고 독특한 부분 중 하나가 <설림> <내저설> <외저설>이다. 춘추전국시대의 다양한 에피소드를 모아놓은 사례 모음집이다. 일종의 취재 노트이며, 전형적인 스케치 기사 형식을 갖는다.

특히 <내저설>과 <외저설>은 경과 전으로 나눠놓은 것이 특징이다. 경은 '글의 설계'이다. '내가 이런 글을 쓸 때는 이런 사례들을 넣어야지' 하면서 자기가 기억할 수 있는 제목과 간단한 키워드만 기록해 놓은 메모 같은 것이다. 특히 이를 '경'이라고 하는 건 독자에게 알려주고 싶은 교훈이나 진리 같은 것을 담고 있어서다. 말하자면 교훈을 훈계하는 게 아니라 사례를 통해 일깨우고자 하는 방식으로 기술한 것이다. 이건 나도 그렇고, 아마 다른 칼럼을 쓰는 사람들도 평소에 칼럼을 쓰기 위해 자료를 모을 때 하는 작업과 별반 다르지 않다.

그리고 전은 경에서 분류해 놓은 교훈에 따라 스토리를 스케치해 놓은 것이다. 그리고 여기에 기록된 스케치들은 실제로 그의 글 여기저기에서 인용되는 것을 볼 수 있다. 이렇게 세상에 흩어진 이야기를 자신이 주장하고자 하는 논지에 맞춰 선택하고, 의미를 뽑아내는 일을 쉬지 않는다.

그는 정말 부지런히 일하는 언론인의 모습을 보여준다. 저작 [한비자]는 한비 공자의 칼럼 모음집 겸 자료집인 셈이다. 이 말은 곧 [한비자]는 신문 칼럼을 읽을 수 있는 사람이면 누구나 읽을 수 있는 글이라는 말이다.

원래 고전을 읽는 방법에는 여러 가지가 있다.
어떤 책은 해설서를 먼저 읽고 원전으로 들어가는 게 수월한 게 있고, 어떤 경우는 원전과 해설서를 함께 봐야 하고, 어떤 경우는 해설서보다 원전만 보는 게 나은 경우도 있다.

[한비자]는 마지막 경우다. 해설서 100권을 읽는 게 원전 한 번 읽느니만 못하다. 원전 자체가 논리는 직설적

이고, 분명하고, 정연한 데다 문장은 간결하고 촌철살인하면서 유머러스하기도 하다. 20여 년 정도 [한비자]와 관련해선 이 책 저 책 많이 사모아 봤는데도 원전보다 잘 쓴 해설서는 아직 보지 못했다.

관문 3 | 반골 공자 한비자

사마천 [사기]에는 한비자를 한나라 공자公子라고 소개한다. 한나라는 제후국으로 왕실이 아니라 공실公室이어서 공자란 곧 그 나라 왕자라는 말이다. 그의 거칠 것 없는 신분이 그의 글을 옛 중국의 고전 중에서도 상당히 독창적인 경지로 만들었는지도 모른다.

한비자의 글은 선진先秦시대의 책사나 왕에게 유세하러 다니던 정치 사상가들의 글과는 다르다. 그런 이들의 글에 깨알같이 박혀있는 미사여구와 은유, 가설이나 자신을 포장하는 홍보성 발언이 없다는 점에서 그렇다. 그의 글은 상상이나 가설이 아니라 팩트에 근거해 자기주장을 강하게 피력한다.

그가 법가를 종합하여 집대성한 사상가로 자리매김한 것도 세상의 팩트와 사상을 휘뚜루 녹여내는 그의 칼럼 방식 글쓰기 덕분일 것이다. 그는 자기의 주장을 뒷받침하기 위해 수많은 인용을 하고, 사례를 나열하는 방식으로 글을 쓴다. 상앙·신도·신불해 같은 이전 세대의 법가 논리를 다 따와서 지금은 저작이 남지 않은 그들의 사상을 보존하고, 공자·묵자·양주 등을 다 인용하는가 하면 자기가 주장하고자 하는 바와 다를 경우엔 속된 말로 '까기도' 한다. 비판적 사고로 무장한 지식인, 전형적인 언론인의 모습을 보여 준다는 말이다. 그의 비판적 글들이 아주 독창적이고 매력적인 것은 사私가 개입하지 않은 '날것'으로써의 비판이 얼마나 통쾌하고 무섭고, 강력한지 보여주기 때문일 거다.

그의 글 중엔 '신왈'臣曰처럼 자신을 신하로 지칭하는 글들이 여러 편 있는데, 이는 왕에게 올리는 상주문으로 보인다. 그런데 이런 글들에조차도 미사여구가 없고, 세도가들의 행태부터 왕의 잘못까지 직설법으로 하나하나 지적하고, 아픈 데에 소금을 뿌린다.

그는 그 시대의 진보적 지식인으로 공자라는 자신의 신분에 안주하지 않는 '반골'의 기질을 보여준다.

물론 그가 한나라 공실의 공자라는 타고난 신분 덕분에 눈치 보지 않고 소신껏 말할 수 있었을 것으로 볼 수도 있다. 하지만 사실 왕이라도 사람한테 이렇게 대놓고 직설화법으로 지적하지는 않는다. 이런 점에서 참

특이하다. 어쨌든 그는 에두르거나 포장해서 말하는 게 아니라 비수로 찌르듯이 원포인트 타격을 하는 문장의 결을 가지고 있다.

게다가 잘못을 지적하면서도, 자신의 정당성과 옳음을 치장하는 데 몰입하는 '소인배적' 동기가 전혀 보이지 않는다는 점에서 '말꼬리'를 잡을 만한 구석도 별로 없다.

사람들은 언제나 진실을 외치지만, 실은 가장 두려워하고 기피하는 것도 진실이다. 하나의 팩트에 각자의 진실은 각자의 욕망과 이익으로 버무려진 다소 복잡다단한 부닥침의 요소를 가지고 있어 아름답지 않은 경우가 많다. 그래서 진실끼리 부닥칠 때에 문장가들은 보통 진실의 어느 편을 들어 포장하는 데 힘을 빼는 경우가 많다. 그런데 인류엔 포장되지 않은 날것으로의 현실을 보여주는 작가들이 있다.

[벌거벗은 임금님]에 등장하는 어린아이 같은 눈으로 세상을 바라보고, 본 것을 말하는 사람들. 대부분의 사람은 벌거벗은 임금님 나라 신하와 백성들처럼 눈에 보이지 않는 것, 세상에서 강요받은 것을 진실이라고 외치며 보이지 않는 옷에 감탄하는 사례가 흔하다. 글 쓰는 사람들이라고 다르지 않다. 포장하고 분식하느라 바쁜 글의 세계에서 '임금님이 벌거벗었다'고 대놓고

지적하는 어린아이 같은 존재는 껄끄러울 수밖에 없다. 한비자는 그런 글을 가진 사람이었다.

실제로 이런 문장을 타고난 사람은 통쾌한 글을 쓸 수 있지만, 세간의 입에서 자신을 보호하지 못한다. 진나라에서 요가를 대놓고 비난하다 자살로 포장된 독살을 당한 것도 이런 반골 기질에서 기인한 것으로 볼 수 있다.

시대성을 덜어내고라도 [한비자]는, 이처럼 내용이 단순하지 않고 불편한 대목이 많다. 신하는 군주가 정을 주면 뒤통수치고, 자리를 뺏으려고 눈을 희번덕이는 협잡꾼처럼 그려지고, 온통 왕이 신하를 어떻게 제압해야 하는지 묘사한 것을 보면 '집질하는 재벌 3세'를 보는 것처럼 불편한 점이 있는 게 사실이다.

그러나 그 구체적 묘사 뒤에 흐르는 그의 통찰력과 인간을 간파하는 생생한 날것으로서의 안목은 그 자체로 감동적이다. 한비자는 왕이 신하의 말에 솔깃해 이리저리 흔들리고, 신하는 왕을 꼬드겨 자기 잇속을 채우는 현실을 한탄하며, 왕에게 마음을 비우고 신하들을 적재적소에 배치한 뒤 성과를 낼 때까지 기다리라고 거듭 강조한다. 한비자의 울분과 주장은 전국 7웅 중 가장 약한 나라인 한나라의 공자로, 망해 가는 나라를 지키려고 애쓴 흔적으로 이해할 수 있다.

관문 4 | 한비자에 대한 오해와 이해

우리나라에선 한비자가 모략과 처세술 교과서를 쓴 사람인 것처럼 취급되는 경우가 많다. 나는 그 이유를 잘 모르겠다. 그의 글을 읽어 보면 그가 얼마나 모략과 술수를 싫어하는지 알게 된다.

그는 왕에게 지智를 버리라고 반복해서 권한다. 중국 고대 문헌에서 이 '지'의 의미는 오묘하다. 흔히 지혜로 번역되지만 [한비자]에서는 노자가 "지가 나오자 거짓이 생겼다"고 한 것과 같은 맥락에서 풀이될 때가 많다. 지혜는 실제로 긍정적 의미가 아닌 경우가 많다.

꾀와 모략 혹은 자기 사리사욕을 채우기 위해 교묘하게 현실을 비틀어, 상황을 자신에게 유리한 방향으로 이끄는 지략 같은 걸 일컫는 때가 많다. 지혜라는 말이 가진 본뜻 자체가 '어려움을 벗어나는 현실적인 기술'이어서 그렇다. 사람 중엔 그 현실적 기술을 단순히 역경을 극복하는 데 사용하는 게 아니라 탐욕을 실현하는 데에 사용하는 경우가 있어서 그렇기도 하다.

요즘 말로 하자면 '잔머리 굴리는 행위'로 풀이된다. 인간은 머리를 쓸 줄 알아 문명을 이루었지만, 이 머리 쓰는 일을 이기적 본능에 활용하기 때문에 끝없이 거짓을 생산한다는 양면적 현실에 관한 이야기다.

그는 "백성이 지와 기교를 쓰면 자기 몸에 환란이 올 것이고, 군주가 쓰면 나라가 망할 것"(양권편)이라고 경고한다. 그는 모략을 권한 사람이 아니다.

원래 인간 세상은 두 명 이상만 모이면 정치가 시작된다. 정치의 시작은 결국 이익의 충돌과 더 큰 이익을 위한 도모로 봐야 한다. [한비자]는 인간의 여러 모습들 중 '정치적 인간'을 통찰한다. 그 통찰력은 대단하다. 천재가 아니라면 이렇게 정치적 인간 군상의 작태를 속속들이 파악하고 분명하게 표현해낼 수 없었을 것이다.

그는 정치적 인간들이 조정에서 벌이는 온갖 술수를 꿰뚫어 보고 있다. 모골이 송연해질 지경이고, 나를 들키는 기분까지 들 정도이다. 그런 어리석은 왕과 사악한 신하들의 수작을 구체적으로 나열하며, 그들이 벌이는 온갖 술수를 적나라하게 드러낸다. 구체적인 사례와 행동을 하나하나 거론하며, 이런 작태에 속아선 안 된다고 강변도 한다. 그러면서 또 이익을 탐하는 인간의 본질을 '법술'로 잘 다스리면, '백성의 이익'과 '나라의 안녕'을 살리는 길이 있음을 역설한다.

그의 이와 같은 정치적 인간에 대한 통찰은 요즘 조직

생활을 하는 개인과 리더뿐 아니라 나랏일 하는 정치인 모두에게 적용된다. [한비자]의 현재성과 통시대성은 바로 여기에서 나온다.

[한비자]는 이런 거시적 이유 말고도 친숙해야 할 미시적 이유도 있다.

내가 [한비자]를 손에 잡은 건 30대 중반쯤 되었을 때였다. 그야말로 조직 생활에서 부딪히게 되는 이해 못할 인간 군상에 대한 역겨움과 이를 어떻게 극복해야 할지 대답을 찾는 과정에서 [한비자]에 발을 들여놓게 되었다.

어려서부터 성리학에 찌든 우리 사회가 '[한비자]는 이단이며 권모술수를 가르치는 책'이라고 했으므로 막연히 [한비자]는 음험하다고 생각했다. 음험한 시절을 지나는 길이 아니었으면 이 '어두운 책'을 접할 마음을 먹지 않았을 것이다.

그렇게 [한비자]를 손에 들었던 순간 내 머릿속에 몰아쳤던 천둥과 번개를 기억한다. 그리고 가장 큰 성과는 마음에 평화가 왔다는 것이다. [한비자]를 통해 '정치적 인간' '조직의 인간'의 모순과 부조리, 수작과 논리를 구체적으로 보게 되면, 어느 순간 마음에 평화가 온다. 또 인간에 대해 기대하는 바가 없어지게 되고,

나에 대한 전략을 세우게 되면 내가 훨씬 발전하는 경험을 하게 된다.

그리고 얻게 되는 처세술은 허정虛靜과 무위無爲가 될 것이다. [한비자]를 읽으면 마음을 비우게 되고, 머리가 차가워지고, 매사에 크게 분노하지 않게 되는 경험을 하게 된다. 소위 멘탈이 강해진다는 것이다.

현대인을 위한 한비자의 정치학

한비자의 글은 단순히 재미있는 스토리로만 소비하기엔 뒤끝이 많이 남는다. 실제로 그의 글은 처음부터 끝까지 '정치학적' 글이어서 그렇다. 그가 글을 쓴 최초의 의도부터 정치로 일로매진하고 있다. 그러므로 그의 설화 모음이나 아포리즘을 대할 때조차도 정치적 의미를 생각하지 않을 수 없다. 실제로 그의 글이 남긴 여운은 지금 우리 시대에도 여전히 유효하다. 이제 그 얘기를 하고 싶다.

왜 제왕학 교과서인 [한비자]를 현시대로 끌어내려고 하는가. 처음 이 글을 도입했을 때의 질문으로 다시 돌아가서 이제 그에 대한 좀 더 현실적인 대답을 하려고 한다.

그것은 내가 세상을 이해하는 관점의 변화에서 시작됐다. 나는 그동안 제왕을 자신이 천하의 주인임을 주장하는 명실상부한 '왕'이라고 생각했다. 민주주의 사회에 살면서도 '나라의 주인은 민民'이라는 것은 이론에만 머물러 있었을 뿐 실재하는 자각이 아니었던 것이다. 정치에 있어서 우리의 삼류 정치만 탓했지 이미 수준 높은 국민에 대한 각성이 일어나지 않았다는 말이다. 이건 아마도 나만의 일이 아닐 것이다.

대부분은 우리 정치 현실을 보며 눈살을 찌푸리거나, 식자들은 비판의 언사 한마디 정도 붙였을 것이다. 그리고 그냥 그 수준을 우리의 운명처럼 받아들이며, 나의 일은 아니라며 체념했던 생각들. 우리는 국민 입장에서 얼마나 나라의 주인이라는 생각과 책임감을 가졌을까. 다른 나라들에 비하면 한국인의 책임감은 훨씬 컸던 것이 사실이긴 하다. 민주화·촛불 등이 이를 증명한다.

그러나 주인은 '저항하는 자'가 아니라 '지키는 자'이다. 지키기 위해선 알아야 하고, 알기 위해선 공부해야 한다. 국민주권시대를 살아가는 국민은, 그러므로 나라의 주인은 어떻게 행동해야 하는지, 나라의 이익을 위해 무엇을 선택해야 하는지 배우고 익혀야 한다. 나는 그 시작으로 한비자의 '제왕학'을 제시한다. 제왕학이란 무엇인가. 여기엔 내 책 [21세기 군주론:국민주권시대의 제왕학]에 썼던 내용을 인용한다.

제왕학은 한마디로 하자면 용인, 즉 왕이 사람을 쓰는 이야기다. 왕이 어떤 사람을 어떻게 써야 하는지, 사람을 자기 목적에 맞게 움직이도록 하려면 스스로 어떻게 처신해야 하는지를 다루는 군주 처세를 위한 실용적 기술서. 왕이 나라의 주인이고, 그 아래로는 신하와 백성밖에 없던 시대에 '제왕학'을 제대로 알아야 하는 사람은 왕이었다.

고대 제왕학에서 왕에게 권하는 처세는 '무위'다. 제대로 일할 신하들을 잘 뽑아서 적재적소에 앉혀놓고, 그들의 일을 감시하고, 잘하면 상을 주고 잘못하면 벌을 주는 일. 그것이 왕의 일이었다.

지금 국민의 일도 다르지 않다. 나랏일을 할 대통령과 정치인을 뽑고, 그들에게 권력을 위임하고, 그가 하는 일을 감시해 재신임하거나 신임을 거두는 일, 잘못에 대해서 벌주도록 요구하는 일. 그것이 국민주권시대 국민의 일이다.

고대 동양의 제왕학에 기록된 사례들은 왕이 재상이나 측근을 어떻게 쓰느냐에 따라 흥망성쇠가 결정됐음을 보여준다. 같은 맥락에서 우리 국민은 대통령을 잘 뽑아야 한다. 그리고 정치인들의 행동양식과 속셈을 잘 파악해야 한다.

자기만 살려고 만백성 돕지 않으면 야비

현대를 사는 투표권을 가진 한 사람의 국민 입장에서 본다면, 제왕학은 우리가 뽑아야 할 대통령의 정체성에 관해 생각할 단서를 주고, 또 나랏일을 맡겨야 할 정치인들을 고르는 안목을 키울 수 있다는 말이다.

제왕학에선 나라의 흥망성쇠를 결정하는 것은 군주뿐임을 강조한다. 결국 이 시대 군주는 '국민'이며, 국민은 대통령을 뽑아 국가통치권을 기간제로 '위임'한다. 그러므로 권력을 위임하는 대상을 어떻게 알아보고 뽑을지 알아야 한다. 그렇게 뽑은 대통령이 어떻게 처신하는지에 따라서 흥망성쇠가 갈리기 때문이다.

한비자는 붕당의 패거리가 나라를 어떻게 망치는지를 적나라하게 보여준다. 그러므로 붕당, 요즘 말로 진영에 휩쓸리지 않고 냉정한 눈으로 사람의 그릇을 평가해 정치지도자를 뽑고, 그에게 위임하고, 그가 일의 성과를 내고, 공익을 위해 올바르게 힘을 쓰고 있는지를 잘 살피는 것이 주인이 해야 할 일이라는 메시지를 강하게 피력한다.

주인은 파당에 휩쓸릴 이유가 없다. 다만 자기 집안에 무엇이 이익이 되는지만 따지면 된다.

한비자는 동문에게 독살당했을 만큼 강렬한 자기주장을 가졌던 사람이다. 당시엔 군주에게 '제발 왕답게 행동하라'고 시끄럽도록 주장했다.

[한비자]에는 특이한 장이 하나 있다. 42장 문전편이다. 이 장은 논어나 맹자처럼 한비자와 당계공이 대화하는 것을 옆에서 기록한 것 같은 형태로 편집되어 있다. 훗날 누군가 써서 붙여놓은 것 같은데, 한비자가 왜 그렇게 분투하며 살았는지를 보여주는 얘기다.

당계공이 한비자에게 말했다.

"몸을 온전하게 하려면 예를 지키고 겸손해야 하며, 일을 이루려고 하면 행동을 삼가고 지혜를 감추는 것이라고 저는 들었습니다. 지금 선생은 법술을 앞세우는 제도를 만들려고 합니다. 그런데 이는 선생 자신에게 위험하고 몸도 위태롭게 한다고 생각합니다. 이런 위험한 행동을 하는 것은 선생을 위해서 바람직하지 않습니다."

한비자가 대답했다.

"천하를 다스리는 권력의 칼자루와 백성들을 거느리는

법도란 다루기가 대단히 어렵습니다. 그렇지만 선생의 가르침을 듣지 않고 제가 이 길을 가야만 하는 이유는 법술을 내세우고 제도를 만드는 것이 백성에게 이득을 주고 대중을 편하게 하는 길이기 때문입니다. 그러므로 어지럽고 어리석은 군주에게서 화를 당한다고 하더라도 모든 백성의 이익을 위해 힘을 써야 하는 것은 어질고 지혜로운 사람이 해야 할 일입니다. 폭군과 암군으로 인한 재난을 두려워하며 죽음을 피하려고, 자신만 알고 만백성의 이득에 도움 줄 일을 돌보지 않는 것은 탐욕스럽고 야비한 행위입니다. 저는 탐욕스럽고 야비한 행위를 차마 할 수 없으며, 인지자(지성인)의 행동을 감히 손상시킬 수 없습니다."

  나는 조직의 인간들이 벌이는 어처구니없는 작태를 대할 때 예수와 한비자를 떠올리면 나에게 벌어지는 매사가 깃털처럼 가벼워짐을 느끼곤 한다.
  예수는 그가 구원하러 온 백성들이 "십자가에 못 박으라"고 아우성치는 가운데 십자가에 못박혔고, 한비자는 동문수학한 벗에게 독살당했다.
  '하느님의 아들과 이 세상에 다녀간 이들 중 이렇게 뛰어났던 천재도 이런 일을 당했는데, 도대체 뭐가 대수란 말인가.'

기원전에 쓰인 [한비자]에 등장하는 조직 내의 정치적 인간 군상의 하는 짓은 21세기인 현대에도 어쩌면 이렇게 똑같을까를 생각한다. 인간은 변하지 않는 것이고, 우리가 지금 더 나쁜 세상에 사는 건 아니라는 사실도 알게 된다. 그런 것들을 깨닫게 되면 의외로 세상살이가 수월하게 느껴지기도 한다.

이제 한비자의 스케치 기사들로 곧바로 들어간다. <설림> <내저설> <외저설> 편의 일화들이다. 그저 힘을 빼고 읽을 수 있는 쉽고도 재미있는 이야기들이다.

여기엔 수많은 고대인이 등장한다. 공자, 묵자처럼 익히 들어본 사람도 있지만, 대부분 모르는 사람들이다. 그러나 각주를 달지 않고, 꼭 알아야 할 인물의 경우 글 안에 그 사람에 대해 간단하게 설명하는 방식을 택했다. 고전의 재미를 떨어뜨리는 게 촘촘히 박혀 있는 각주 때문이 아닌가 하는 생각에서다. 어차피 모르는 사람은 모르는 채로 서사 자체에 빠져들기를 바란다.

또 한비자의 글 중 가장 널리 알려진 <고분孤憤>과 <오두五蠹>편도 쉽게 읽을 수 있도록 편작하여 싣는다. 한비자가 진나라로 갔던 배경에 이 두 편의 글이 있다. 훗날 진시황이 된 영정이 이 두 편을 읽고 "글쓴이와 교류할 수 있다면 죽어도 여한이 없겠다"는 '팬심'이

발동하여 한비자를 진나라로 오도록 했다는 것은 유명한 일화다. [한비자] 전편을 읽지 않더라도, 이 두 편을 보면 그가 왜 그렇게 목숨을 걸고 절박하게 '개혁'을 주장했는지도 느끼게 된다.

여기까지 왜 지금도 한비자인지 얘기했다. 개인적으론 드디어 '국민주권'을 자각한 우리 시대에 한비자의 통찰, 즉 나라의 주인(옛말로 군주)은 어떻게 살아야 하는지에 관해 알리고 싶었다. 그래서 한비자에 관해 쓰고 알리는 일을 멈추지 않는다.

최근엔 SBS 프리미엄 사이트 <스프>에 [한비자] 속 스케치를 활용한 칼럼을 쓰고 있다. 각각의 일화들을 일정한 주제의 묶음으로 해석해 쓴 것으로 각 스케치의 의미를 좀 쉽고 단순하게 풀이한 대중적인 글이다. 이 책에서 아쉬운 '해설' 혹은 '응용'을 보고 싶다면, 찾아 읽기를 권한다.

그러나 각각의 스케치를 그렇게 단순한 해석으로 '휘리릭' 넘기기엔, 담고 있는 의미의 폭이 훨씬 넓다. 이 책의 스케치들 속에서 독자들 스스로 그보다 훨씬 더 다양한 의미를 찾게 되리라 기대한다.

2024년 8월

HOMO POLITICUS
한비자의 스케치

정치적 인간의 우화

설 림 편

제목 그대로 이야기의 숲이다.
당대의 풍속도를 엿볼 수 있는
다양한 스케치들을 모았다.

한비자의 스케치

1.

은나라 탕왕이 하나라 걸왕을 정벌했다.

하지만 천하가 자신을 탐욕스럽다고 할까 두려워서 숨어서 사는 은자인 무광에게 천하를 양도하겠다고 했다.

그러고 나선 또 무광이 이를 받아들일까 두려워했다. 그래서 사람을 시켜 무광에게 말을 전하게 했다.

"탕이 왕을 죽이고, 그 악명을 그대에게 떠넘기고 싶어서 천하를 그대에게 양위하겠노라고 한 것이다."

이 때문에 무광은 강에 몸을 던져 자살했다.

2.

　진나라 무왕이 감무(진나라 재상을 지낸 초나라 출신 정치인)에게 시종 자리나 행사(行事, 외교의전업무) 중 하고 싶은 것을 선택하라고 했다.
　맹묘가 감무에게 말했다.
　"공의 입장에선 시종이 되는 것이 가장 좋습니다. 하지만 공의 장기는 외교의전에 맞습니다. 공께서 시종을 한다 해도 왕은 결국 외교 일을 시킬 것입니다. 공은 시종의 인장을 지니고 행사를 할 것입니다. 관을 겸하게 되니 일거양득이 아니겠습니까."

3.

  자어가 공자를 송나라 재상에게 소개했다. 공자가 나가고 자어가 들어와 견해를 물었다.
  재상은 "내가 공자를 보고 나서 그대를 보니 마치 벼룩이나 이처럼 보이는구려. 이제 가서 군주께 소개하려고 하네"라고 했다.
  자어는 막상 공자를 소개했지만, 공자가 자기 군주에게 귀하게 쓰이게 될까 두려워졌다.
  그래서 재상에게 말했다.
  "군주께서 공자를 보시면, 앞으로는 그대도 역시 벼룩이나 이처럼 보일 것이오."
  재상은 이 말에 공자를 다시 만나지 않았다.

4.

 진晉나라가 형邢나라를 치자 제나라 환공이 구원하려고 했다. 이에 포숙아가 말했다.
 "너무 이릅니다. 형나라가 망하지 않으면 진나라는 피폐해지지 않을 것이며, 그리되면 제나라의 위세가 더 커지지도 않습니다. 또 위험한 상태에서 버틸 수 있게 해주는 공은 망한 나라를 되살려 주는 덕의 크기와는 비교가 되지 않습니다. 군주께서 더 늦게 구원에 나서야 진은 피폐해지고, 제나라는 실리를 챙길 수 있습니다. 형나라가 망한 후 다시 보존케 해주는 것이 아름다운 명성을 잇는 방법입니다."
 이에 환공은 구원하러 가지 않았다.

5.

    오자서가 (초나라에서) 도망칠 때 변방에서 망보던 이가 그를 잡았다. 자서는 그에게 말했다.
    "왕이 나를 찾는 것은 내가 아름다운 구슬을 가졌기 때문인데 나는 지금 그것을 잃어버렸다. 나를 압송한다면 나는 이렇게 고할 생각이다. 그대가 그것을 삼켰다고 말이다."
    그러자 망보던 이가 그를 놓아주었다.

※오자서=초나라 사람이었으나 아버지와 형이 초왕에게 죽임을 당한 후 복수를 맹세하고 오왕의 신하가 되어 초나라를 토벌했다. 아버지를 죽인 평왕의 시체를 꺼내 삼백 번 매질한 일과 관련한 유명한 사자성어 도행역시 **倒行逆施** 의 주인공.

6.

 진晉나라 말기 나라를 좌지우지하던 여섯 대부(육경) 중 가장 세력이 컸던 지백智伯이 위 땅의 주인 선자에게 토지를 요구했다. 위 선자는 내주지 않았다.
 이에 위나라 가신인 임장은 "땅을 주지 않는 이유가 무엇입니까?"하고 물었다. 선자는 "이유 없이 땅을 달라 하니 주지 않았다"고 했다. 임장이 다시 말했다.
 "이유도 없이 땅을 내놓으라는 것을 보고 이웃나라들은 필시 두려워할 것입니다. 그는 염치없이 욕심이 크니 천하의 제후들은 필시 두려움에 떨 것입니다. 군주께선 땅을 내주십시오. 지백은 반드시 교만해지고 적을 가벼이 볼 것이며, 그가 두려워진 이웃 나라들은 반드시 서로 친해질 것입니다. 서로 친해진 군대로 적을 가볍게 여기는 나라에 대항하면 지백의 명은 그리 길지 않을 것입니다. <주서>에 이르기를 '장차 깨뜨리려 하면 반드시 잠깐 도와주어야 한다. 장차 취하고자 하면 반드시 잠시 주어야 한다'고 했습니다. 군주께서는 땅을 주어서 지백을 교만하게 하는 것이 낫지 않겠습니까. 군주께선 왜 천하의 제후들로 하여금 지 씨를 타도하게 하지 않고, 홀로 내 나라를 지 씨의 인질이 되도록 하려고 하십니까?"

이 말에 위의 선자는 "그 말이 맞다" 하고는 일만 호의 읍을 내주었다. 지백은 기뻐하며 조나라에도 땅을 요구했지만 내주지 않았다. 그래서 조양자를 진양에서 포위하였고, 이후 한과 위가 밖에서 배반하고 조 씨가 안에서 응수해 지 씨는 망하게 되었다.

7.

제나라가 송나라를 공격했다. 송나라에서 장손자를 시켜 남쪽 초나라에 구원을 요청하도록 했다. 초나라는 크게 기뻐하며 구원하겠다고 허락하고 크게 환대했다. 장손자는 걱정스러워 하며 발길을 돌렸다. 시종이 물었다.

"구원을 요청해 들어주었는데, 왜 그리 근심스러운 기색을 하십니까?"

이에 장손자는 말했다.

"송나라는 소국이고 제나라는 대국이다. 대체로 소국 송나라를 구원하면 대국 제나라의 미움을 사는 것이어서 나는 그것을 걱정하였는데, 오히려 초왕은 좋아하였다. 이것은 반드시 우리가 견고하게 지키도록 부추긴 것으로 우리가 굳게 지키면 제나라는 피폐해질 것이고, 이게 초나라엔 이익이 될 거라고 본 것이다."

장손자가 돌아온 후 제나라 사람들이 송나라를 공략해 다섯 성을 함락시켰지만, 초나라 구원병은 오지 않았다.

8.

제나라 전성자가 연나라로 달아났을 때의 이야기다. 그의 통관에 필요한 부절을 짊어지고 따랐던 시종 치이자피는 국경 지역 망읍에 도착하자 이렇게 말했다.

어르신은 저 고택의 뱀 이야기를 아십니까? 연못이 말라 뱀이 이주하려 하였답니다. 작은 뱀이 큰 뱀에게 이렇게 말했답니다.

"그대가 앞서고 내가 뒤따르면 사람들은 '뱀이다'하며 반드시 그대를 죽일 것이네. 그런데 우리가 서로 입을 물고 그대가 나를 짊어지고 간다면 사람들은 나를 신군神君이라 여길 것일세"

이에 서로 입으로 물고 큰 뱀이 작은 뱀을 등에 업고 큰길을 건넜습니다. 그러자 사람들은 이를 피하며 '신군이다'고 했습니다.

지금 어르신은 외모가 출중하고 저는 추합니다. 이제 어르신을 저의 중요한 손님인 듯 위장해 모시고 다니면, 사람들은 저를 작은 나라 군주 정도로 생각할 것입니다.

그런데 만일 어르신이 제 시종이 된다면, 저는 아주 큰 나라의 귀족 정도로 보일 것입니다. 어르신께서 저의 시종으로 위장하는 것이 좋지 않겠습니까?

 이 말을 듣고 전성자는 치이자피가 짊어지고 있던 전을 받아 짊어지고 그를 수행하여 숙소에 도착했다. 그러자 숙소의 주인은 크게 공경하여 대접하면서 술과 고기를 바쳤다.

9.

 소적매라는 자가 술에 취해 갓옷을 잃었다. 송나라 군주가 말했다.
 "취해서 갓옷을 잃을 정도였다는 말인가?"
 그가 대답했다.
 "걸왕은 술에 취해서 천하를 잃기도 했습니다. 그래서 옛 경서에도 '술을 입에 대지 말라'고 했습니다. 술을 마시는 자가 천자라면 천하를 잃고, 필부는 그 자신을 잃게 됩니다."

10.

 관중과 습붕은 제환공을 종사해 고죽을 정벌했다. 봄에 가서 겨울에 돌아오다 길을 잃고 헤맸다. 관중은 "늙은 말의 지혜가 쓸 만합니다"고 말하곤 늙은 말을 풀어 그 뒤를 따라가 마침내 길을 찾았다.
 산중에서 물이 떨어졌다. 습붕이 말했다.
 "개미는 겨울에는 산의 양지바른 곳에 살고, 여름에는 음지에 삽니다. 개미집이 한 촌이 넘으면 물이 있을 것입니다."
 그러고는 이내 땅을 파서 물을 얻었다.
 관중의 능력과 습붕의 지혜로도 할 수 없을 땐 늙은 말이나 개미를 스승으로 삼는 데 주저하지 않았다. 그런데 지금 사람들은 마음이 어리석어 성인의 지혜를 스승으로 삼을 줄도 모른다. 어찌 잘못되지 않겠는가.

11.

초왕에게 죽지 않는 명약을 바친 자가 있다. 궁중 안내를 맡은 자(알자)가 그것을 들고 들어갔다. 숙직하던 관리가 물었다.
"먹을 수 있는 것인가?"
"가능합니다."
그러자 그것을 집어먹었다. 왕이 크게 노하여 사람을 지켜 숙직 관리를 죽이라고 했다. 그는 다시 사람을 보내 왕에게 이렇게 설명하자 왕은 그를 죽이지 않았다.
"저는 알자에게 물어보니 먹어도 된다고 했습니다. 그래서 먹은 것입니다. 이러하니 저는 무죄이고, 죄라면 알자에게 있습니다. 또 객이 불사의 약이라며 바쳤는데, 제가 먹었다고 왕께서 저를 죽이시면 그 약은 사약이 됩니다. 이것은 그 객이 왕을 속인 것입니다. 죄 없는 저를 죽이시면 왕께서 사기를 당했다고 세상에 알리는 것이니 저를 풀어주심만 못합니다."

12.

전사라는 자가 추나라 군주를 속였다. 추의 군주는 사람을 보내 그를 죽이려고 했다. 전사는 두려워 혜자에게 알렸다. 혜자가 추의 군주를 만나 말했다.
"지금 군주께서 만나는 사람이 한쪽 눈을 감아버린다면 어찌하시겠습니까?"
추군은 대답했다.
"나는 반드시 그를 죽일 것이다."
그러자 혜자가 말했다.
"장님은 두 눈을 다 감고 있습니다. 왜 죽이지 않습니까?"
"감지 않을 수 없지 않은가."
왕의 말에 혜자는 말을 이었다.
"전사는 동쪽에선 제나라 군주를 속이고, 남쪽으로는 초나라 왕을 속였습니다. 전사가 사람을 속이는 것이야 장님처럼 타고난 것을 군주께선 무엇을 그리 원망하십니까?"
그러자 추군은 그를 죽이지 않았다.

13.

　위나라 장수 악양이 군주인 문후와 중산을 공격할 때, 악양의 아들이 중산에 있었다. 중산의 군주는 그 아들을 삶은 국을 보냈다. 악양은 막사에 앉아서 그것을 한 그릇 다 마셨다.
　문후가 도사찬에게 말하였다.
　"악양이 나로 인해 아들의 고기를 먹게 되었구나."
　도사찬이 이렇게 대꾸했다.
　"그 아들을 먹었으니 누군들 못 먹겠습니까?"
　악양이 중산에서 돌아온 뒤 문후는 그 공을 포상했지만 그의 마음은 의심했다.

　한편 맹손이 사냥에서 사슴 새끼를 붙잡아 진서파에게 시켜 그것을 가지고 돌아가라 했는데, 그 어미가 따르며 울어댔다. 진서파는 참지 못하여 새끼를 어미에게 주었다. 맹손이 돌아와 새끼 사슴을 찾자 진서파는 "제가 차마 볼 수가 없어서 그 어미에게 주었습니다"라고 하니 맹손은 크게 화를 내며 그를 쫓아냈다.

그런데 3개월쯤 지나고, 맹손은 그를 다시 불러 아들의 스승으로 삼았다. 시종이 "지난번엔 죄를 물어 벌을 주셨는데 지금은 아들의 스승으로 부르시니 어찌 된 것입니까?"하고 물었다.

그러자 맹손은 "사슴 새끼한테도 못 참는데, 앞으로 내 아들에게는 참겠는가?"라고 했다.

그래서 항간에 말하기를 "교묘하게 속이는 것이 서투른 성실함만 못하다"고 하는 것이다.

악양은 공이 있었지만 의심을 샀고, 진서파는 죄가 있었는데도 이로 인해 더욱 믿음을 얻게 된 것이다.

14.

 증종자는 도검 감정을 잘하는 사람이다. 위衛나라 군주가 오나라 왕에게 원한을 품고 있었다. 증종자는 "오나라 왕은 검을 좋아하고 저는 칼을 감정하는 사람이니, 제가 오왕에게 칼을 감정해주겠다고 청하여 칼을 보려고 뽑을 때에 군주를 위해서 그를 찔러 죽이겠습니다"고 했다.
 그러자 위군은 이렇게 말하며 그를 쫓아냈다.
 "그대가 그렇게 하려는 것은 군신 간 의리 때문이 아니라 이익 때문이다. 오나라는 강하고 부유한데 위나라는 약하고 가난하다. 그대가 만일 간다면, 나는 그대가 오왕을 위해 나에게 그 수법을 쓰지 않을까 두렵다."

15.

　은나라 폭군 주왕이 상아 젓가락을 쓰자 그의 신하인 기자는 두려워했다.
　상아 젓가락을 쓰려면 필시 질그릇에 국을 담아 먹으려고 하지 않을 것이고, 서각이나 옥으로 만든 그릇을 쓸 것이다. 옥그릇에 상아 젓가락이면 필시 콩잎국을 담지는 않을 것이고, 털이 긴 소나 코끼리와 표범의 새끼를 담을 것이다. 털이 긴 소나 코끼리와 표범의 새끼는 반드시 짧은 베옷을 입거나 띠로 만든 지붕 아래에서 먹지 않을 것이며, 반드시 아홉 겹의 비단옷을 입고 고대광실에 앉아 먹어야 할 것이다.
　여기에 어울리는 것을 구하려면 천하에 있는 것으로 부족할 것이다.
　성인은 미미한 것을 보고 그 맹아를 알며, 시작을 보고 그 끝을 안다. 그러므로 상아 젓가락만 보고도 불안해한 것은 천하에 만족함이 없는 것을 알았기 때문이다.

16.

 은나라 주왕이 밤이면 술자리를 벌이며 환락에 젖어 날짜까지 잊을 정도였다. 그가 측근에게 물었으나 모두 알지 못했다.
 이에 사람을 시켜 기자에게 물어보라고 했다. 기자는 종에게 이렇게 일렀다.
 "천하의 주인과 그 주인을 섬기는 사람들이 모두 날짜를 잊었다면 천하가 위험해질 것이다. 온 나라 사람이 날짜를 모르는데 나 홀로 안다고 하면 내가 위험해질 것이다."
 그러면서 자신도 취해서 알지 못하노라고 해명했다.

17.

노나라 사람이 삼베 실로 신을 잘 삼고 아내는 흰 비단을 잘 짰는데, 그들은 월나라로 이주하려고 하였다.

누군가 그에게 "자네는 가난해질 것이네"하고 말했다. 노나라 사람은 왜 그렇게 말하냐고 물었다. 그는 이렇게 대답했다.

"삼으로 짠 신은 신는 것인데 월나라 사람들은 맨발로 다니고, 흰 비단은 머리에 쓰는 관을 만드는 것인데 월나라 사람은 머리를 풀어 헤치고 다니네. 그대의 장기를 쓸 수 없는 나라에서 살면 궁해지지 않을 도리가 있겠나?"

18.

    진진陳軫은 위魏왕에게서 귀한 대접을 받았다. 혜자가 그에게 이렇게 충고했다.
    "반드시 왕의 측근들에게 잘하시오. 본래 버드나무는 옆으로 심어도 살고, 거꾸로 심어도 살아나며, 꺾어서 심어도 또 살아납니다. 그런데 열 사람이 그것을 심은들 한 사람이 뽑아내면 살아남을 버드나무가 없지요. 도대체가 열이나 되는 사람들이 이렇게 잘 살아남는 것을 심는데도 한 사람을 이기지 못하는 건 왜일까요? 심는 것은 어렵지만, 뽑아버리는 것은 쉽기 때문입니다. 그대는 비록 스스로 왕 앞에 잘 심어졌지만, 그것을 제거해 버리려는 자들이 많으면 필시 위험해질 수밖에 없을 겁니다."

19.

 제나라 대부 습사미가 전성자를 만났다. 전성자는 훗날 제나라 간공을 살해하고 나라 실권을 틀어쥔 인물이다. 습사미는 전성자와 함께 대에 올라 사방을 바라보았다. 삼면이 시원하게 트였는데, 남쪽을 보니 바로 자기 집 나무가 시야를 가렸다.

 전성자는 아무 말도 하지 않았지만, 이 광경이 마음에 걸렸던 습사미는 집으로 돌아와 일꾼에게 그 나무를 베라고 했다. 도끼로 여러 개의 상처가 났을 때, 그는 멈추게 했다. 일꾼이 "왜 수시로 변하느냐"고 물었다. 습사미가 이렇게 말했다.

 "옛말에 이런 게 있다. '연못 속 물고기를 아는 자는 상서롭지 못하다.' 저 전성자는 앞으로 큰일을 낼 것인데 내가 그의 기미를 알고 있다는 것을 드러낸다면 필시 나는 위험해질 것이다. 나무를 자르지 않는다고 죄가 있는 것은 아니다. 하지만 사람이 말하지 않은 것을 알아차린다면 그 죄는 크다."

20.

 양자楊子(양주楊朱, 선진시대에 '천부인권설'을 주장했던 자유주의자)가 송나라를 지날 때 동쪽에 있는 숙소로 갔다. 여기엔 두 명의 하녀가 있었는데 못생긴 여자가 높았고, 예쁜 여자가 낮았다. 양자가 연유를 물었더니 숙소의 주인 남자가 대답했다.

 "예쁜 아이는 스스로 예쁘다고 하는데, 저는 예쁜지 잘 모르겠습니다. 못생긴 아이는 스스로 못생겼다 하는데, 저는 못생겼는지 잘 모르겠습니다."

 양자가 제자에게 이렇게 말했다.

 "눈과 마음이 참으로 현명하다. 현명하게 행동하면서도 스스로 현명하다며 우쭐한 마음을 버린다면 어딜 간들 아름답다 하지 않겠는가?"

21.

위나라 사람이 딸을 시집보내며 이렇게 가르쳤다.

"반드시 자기 돈을 만들어 두어라. 며느리가 쫓겨나는 것은 일상적인 일이고, 잘 사는 것은 우연이다."

딸은 이 말에 따라 열심히 개인 돈을 모았다. 그 시어머니가 개인돈이 많아졌다는 이유를 들어 쫓아냈다. 그 딸이 돌아왔을 땐 시집갈 때 가져간 것의 갑절이 되어 있었다.

아버지는 잘못 가르친 죄는 스스로 죄라 생각하지 않고, 더욱 부유해진 것을 자신의 지혜라고 했다.

지금 남의 신하 되어 여러 관직에 나간 자들이 모두 이와 같은 부류이다.

22.

 조나라 사람 노단은 세 번이나 중산의 군주에게 말했으나 받아들여지지 않자 그의 측근들에게 50금을 뿌렸다. 그리고 다시 중산 군주를 만나자 말을 꺼내기도 전에 군주는 그에게 식사를 대접하며 친근하게 대했다.
 노단은 그길로 숙소로 돌아가지 않고, 중산을 떠나려 했다. 그를 따르던 시종이 "군주가 이제야 우리에게 잘해주기 시작했는데 왜 떠나려 하십니까?"하고 물었다.
 노단은 이렇게 대답했다.
 "남의 말을 들어서 나를 잘 봐주는 것이라면, 또 다른 사람의 말을 들어 나에게 죄가 있다며 벌을 줄 수도 있다."
 그가 아직 국경을 넘지 못했는데, 중산의 공자가 그를 나쁘게 말하며 "조나라를 위해 중산에 간첩으로 온 것"이라고 했다. 군주는 이를 근거로 그를 찾아내 벌을 주었다.

23.

　전백정은 사(士, 선비와 무사)를 좋아해 그 군주를 지켰으며, 백공은 사를 좋아해 초나라를 혼란케 했다. 선비와 무사를 좋아한 것은 똑같았지만, 이로써 하는 일은 달랐다.

　공손지는 스스로 발뒤꿈치가 잘리는 벌을 받아 백리해를 현명한 재상이 되도록 높여주었지만, 수조는 스스로 거세해 환공에게 아첨하며, 끝내 그를 살해하였다.

　스스로 자청해 벌을 받은 것은 같지만 그 처형을 받고 한 일은 달랐다. 이에 혜자는 이렇게 말했다.

　"미친 사람이 동쪽으로 달려가면 그를 쫓는 자들도 동쪽으로 달린다. 그렇게 동쪽으로 달려가는 일은 똑같지만 동으로 달려가서 하려는 일은 다르다. 그러므로 사람이 같은 일을 한다 해도 뜻과 결과가 같지 않으므로 소상하게 살펴보지 않을 수 없다고 말하는 것이다."

24..

 말을 잘 보는 것으로 유명한 백락이 두 사람에게 발길질 하는 말의 감정법을 가르쳤다. 그들은 진나라 집정인 조간자의 마구간에서 말을 보았다. 한 사람이 발길질 잘할 것 같은 말을 골라냈다. 다른 사람은 뒤로 가서 엉덩이를 만졌지만 발길질을 하지 않았다. 먼저 고른 사람은 감정에 실패했다고 생각했다. 이에 다른 사람이 말했다.
 "그대는 감정을 잘못한 게 아닐세. 그 말은 어깨가 굽고 무릎이 부어 있었네. 말이 발길질을 하려면 뒷발을 들고 앞발이 버텨줘야 하는데, 무릎이 부었으니 버틸 수 없어서 뒷발을 들지 못한 것이네. 자네는 발길질하는 말을 골랐지만, 부은 무릎을 보지 못했을 뿐이네."
 일은 반드시 귀결되는 곳이 있는데, 무릎이 부어서 버틸 수 없다는 것은 지혜로운 사람만 알아본다. 혜자惠 子는 "원숭이도 우리에 가두면 돼지와 똑같아진다"고 했다. 그러므로 주변 형세가 좋지 않으면 재능을 발휘할 길이 없게 된다.

25.

 위나라 장군 문자가 증자를 만났다. 증자는 일어서지 않고 앉은 채로 그에게 인사하고, 깊숙한 자리에서 몸을 똑바로 세우고 있었다.
 문자는 그 시종에게 이렇게 말했다.
 "증자는 어리석은 자로구나. 나를 군자로 생각했다면 어떻게 군자에게 경의를 표하지 않는가. 또 나를 난폭한 자라고 생각했다면 난폭한 자에게 어찌 모욕을 주는가? 증자가 죽지 않은 건 명이 길어서다."

26..

 도도라는 새가 있는데 머리는 무겁고 꼬리는 굽어서 물가에서 물을 마시려고 하면 반드시 뒤집어진다. 그래서 누가 그 날개를 물어줘야 마실 수 있다.
 이렇게 혼자선 물을 잘 마시지 못하는 사람도 있는데, 그는 곁에서 도와줄 사람을 찾아야만 한다.

27.

 장어는 뱀과 비슷하고, 누에는 애벌레와 비슷하다. 사람들은 뱀을 보면 깜짝 놀라고, 애벌레를 보면 소름이 끼치며 털이 쭈뼛 일어난다.
 그러나 어부는 장어를 손에 쥐고, 부인은 누에를 줍는다. 이익이 있는 곳에선 누구나 전설적 용사들인 맹분이나 전저처럼 된다.

28.

 백락은 미워하는 자에겐 천리마 감정법을 가르쳤고, 좋아하는 사람에겐 보통 말을 감정하는 법을 가르쳤다. 천리마는 드물게 있어서 이익을 내는 일이 쉽지 않지만, 보통 말은 매일 팔리므로 빠르게 이익을 낸다.
 [주서周書]에서 "저급한 말들이라도 간혹 고급스럽게 사용될 때가 있다"고 한 것은 이런 경우를 두고 한 말이다.

29.

환혁이 말했다.

"조각을 할 때는 처음에 코를 크게 하는 것이 좋고, 눈은 작게 하는 것이 좋다. 코가 크면 줄일 수 있지만 작으면 크게 할 수 없다. 눈은 작으면 크게 할 수 있지만 크게 하면 줄일 수 없다."

일을 하는 것도 이와 같아서 다시 복원할 수 없는 상태를 먼저 생각한다면 일의 실패가 적어질 것이다.

30.

 은나라 폭군 주왕의 간신들인 숭후와 악래는 주왕에게서 벌 받지 않는 법은 알았지만, 주나라 무왕이 그들을 멸망시킬 것이라는 건 내다보지 못했다.
 군주에게 직간하다 죽임을 당한 비간과 자서는 군주가 멸망할 것은 알면서도 자신이 죽을 것은 몰랐다. 그래서 이렇게 말하는 것이다.
 "숭후와 악래는 마음은 알았는데 일을 몰랐으며, 비간과 자서는 일이 돌아가는 추세는 알았지만 마음을 알지 못했다."
 성인은 이 둘을 겸비한 사람이다.

31.

 양주楊朱의 동생 양포가 흰옷을 입고 외출했다. 비가 내리자 흰옷을 벗고, 검정 옷으로 바꿔 입고 돌아왔더니 개가 알아보지 못하고 짖어댔다.
 양포는 화가 나서 때리려고 했는데 양주가 말했다.
 "때리지 말게. 자네라도 그러했을 것이야. 자네 개가 흰색으로 나갔다가 검정색으로 돌아오면 자네도 어찌 괴이쩍다 생각하지 않겠는가?"

32.

혜자가 말했다.

"하나라의 전설적인 명궁 예가 깍지를 끼고 한拜을 차고 활을 들어 당기면 멀리 월나라 사람들도 서로 과녁을 들어 올리겠다고 다투는데, 아이가 활을 들면 그 어머니라도 방으로 들어가 문을 닫을 것이다."

이는 곧 "확실한 실력이 있으므로 월나라 사람도 예를 의심하지 않고, 실력을 확실히 믿지 못하면 어머니라도 아이에게서 도망간다"는 말이다.

33.

 제나라 환공이 관중에게 "부유함에도 강변과 같이 끝나는 지점이 있느냐"고 물었다.
 그러자 관중은 "강에서 물가涯라 하면 물이 없는 평평한 땅을 말합니다. 부유함에 한도가 있다면 이미 만족해서 부유함을 더 이상 추구하지 않는 상태이겠지요. 하지만 사람은 스스로 만족한 데에서 그치지 못하는 존재이므로 부를 추구하는 데에 한도가 없는 것입니다."

34.

 초나라에서 지체 높은 공자에게 군을 거느리고 가서 진陳나라를 치도록 했다. 장로가 그를 송별하며 말했다.
 "진의 배후에 있는 진晉은 강합니다. 신중하셔야 합니다."
 "장로께선 어찌 걱정하십니까. 내가 장로를 위해 진晉나라도 쳐부수지요."
 그러자 장로는 이렇게 말했다.
 "좋군요. 저는 그렇다면 진陳의 남문밖에 죽은이들을 기리기 위한 초막이나 하나 세워놓지요."
 공자는 그렇게 하는 이유가 무엇이냐고 물었다.
 그러자 장로가 대답했다.
 "나는 월 구천이 한 일을 비웃으려 그럽니다. 그런 일이 이렇게나 쉬운 것인데, 그는 왜 혼자서 10년이나 와신상담하며 그 고생을 했다는 말입니까."

35.

훼라는 뱀이 있다. 몸은 하나인데 입이 둘이어서 음식을 놓고 다투다 서로 물어뜯어 끝내 서로 죽고 만다. 신하들이 권력투쟁을 일삼아 나라를 망치는 것도 모두 훼와 같은 부류이다.

36.

 이웃이 사나워 집을 팔고 피해 가려는 사람이 있었다.

 이에 주위 사람이 "그자의 죄는 곧 가득 차서 관이 알아서 처리해줄 것 같으니 좀 기다려보면 어떻겠는가?" 하고 말했다.

 그러자 그는 "나는 그것이 나를 가지고 가득 차게 될까 봐 두렵다"고 말하곤 떠났다.

 그래서 이런 말이 있다.

 "어떤 일이든 기미가 보이면 지체하지 말아야 한다."

37.

　공자가 제자들에게 말하였다.
　"자서(초나라 영윤으로 있던 공자 신)가 저렇게 명성을 얻고자 하는 것에 대해 누가 충고할 수 있겠는가?"
　자공이 말했다.
　"제가 할 수 있습니다."
　그러나 자서는 충고를 듣지 않았다. 공자가 말했다.
　"관대하여 이익을 좇지 않고, 고결한 성품은 변치 않아 굽은 것을 굽었다 하고, 곧바른 것을 곧바르다 한다. 하지만 자서는 재앙을 면키는 어렵겠다."
　그리고 백공의 난이 일어났을 때 자서는 죽었다. 그래서 이런 말이 있다.
　"행동이 곧은 사람이라도 명예욕이 앞서면 굽는 행동을 한다."

38.

진晉나라 말기 군주와 막강한 권력을 휘두르던 6대 가문(육경)들의 권력 다툼이 한창이던 때에 싸움에서 밀려난 중행 씨 집안의 문자가 망명을 가다가 어느 고을을 지나갔다. 그를 따르던 노복이 말했다.

"나으리께서는 이곳 색부(벼슬이름)를 잘 아시지 않습니까. 여기에서 쉬면서 뒤따르는 마차를 기다리는 것이 어떻겠습니까?"

그러자 문자가 그냥 지나가자며 말했다.

"내가 음악을 좋아하자 그 사람은 나에게 잘 울리는 거문고를 보냈고, 내가 패옥을 좋아하자 그는 나에게 둥근 옥을 보내주었다. 이것은 내가 잘못을 저지르지 않도록 하려는 것이 아니라 나의 마음을 사려는 것이었다. 나는 그 사람이 나를 이용해 다른 사람의 마음을 사려고 할까 봐 두렵다."

과연 그 색부는 문자의 뒤를 따르던 마차 두 대를 빼앗아 군주에게 바쳤다.

39.

관중과 포숙이 서로 이야기를 나눴다. "군주의 음란이 심하니 반드시 나라를 잃을 것이다. 제나라의 여러 공자 중 보좌할 만한 사람은 외국에 볼모로 가 있는 공자 규와 소백이 있다. 그대와 함께 각자 한 사람씩 맡아 먼저 성공한 사람이 서로 거두기로 하자."

그리하여 관중은 공자 규를 따랐고, 포숙은 소백(훗날 제환공)을 따랐다. 나라 사람들이 결국 군주를 살해했다. 소백이 먼저 들어가 군주가 되었다. 규를 따르던 관중은 노나라에 붙잡혀 소백에게 바쳐졌지만, 포숙이 소백에게 말하여 그를 재상으로 삼았다. 그래서 이런 말이 있다.

"용한 무당인 무함이 잘 빌어도 자기 재앙을 없애지는 못하고, 진나라 의원이 병을 잘 고쳐도 자기에게 침을 놓지는 못한다."

관중도 포숙의 도움을 기다려야 했다. 이를 두고 시쳇말로 "노예가 갖옷을 팔면 팔리지 않고, 선비가 말솜씨로 자신을 미화해도 믿지 않는다"고 하는 것이다.

40.

 초나라가 오나라를 쳤다. 오나라는 저위궐융을 보내서 초나라 군사들에게 음식을 대접하도록 했다.
 초의 장군이 말했다.
 "포박하라. 죽여서 피를 북에 바르겠다."
 그러고는 그에게 물었다.
 "여기에 오기 전에 점을 쳤느냐?"
 "점을 쳤다."
 "점의 결과는 길하더냐?"
 "길했다."
 "지금 초나라 강군이 너의 피를 북에 바르려고 하는데, 그건 어떠한가?"
 "그래서 길하다고 하는 것이다. 오가 사신을 보낸 것은 장군이 노여워하는지 보려고 한 것인데, 장군이 노하면 우리는 해자를 깊이 파고, 성채를 높일 것이다. 장군이 노하지 않았다면 앞으로 나태해질 것이다. 지금 장군이 나를 죽인다면 오나라는 필시 경계하여 지킬 것이다. 또 나라에서 점을 치는 것은 나, 한 사람을 위한 게 아니다. 나를 죽임으로써 나라를 지킬 수 있다면, 그것을 길하다 말하지 않고 무어라 하겠는가. 더구나 죽은 자는 알지 못하니 내 피를 북에 바른다고 해도 이익이 없을 것이오, 죽은 자가 안다면 나는 당연히 전투를 할 적에 북을 울리지 않도록 할 것이다."

초나라 사람들은 그를 죽이지 않았다.

41.

지백이 구유를 치려고 하는데 길이 험해 통과하지 못했다. 이에 큰 종을 만들어서 구유의 군주에게 선물로 보냈다. 구유의 군주는 크게 기뻐하며 길을 열어 안으로 들이려고 했다.

이에 신하인 적장만기가 말했다.

"안 됩니다. 이는 작은 나라가 큰 나라를 섬길 때나 하는 방법입니다. 그런데 지금 큰 나라가 이런 방법으로 온다니 반드시 군대가 따라올 것입니다. 절대 안으로 들여서는 안 됩니다."

구유의 군주는 이를 듣지 않고, 마침내 그것을 받아들였다. 그러자 적장만기는 수레바퀴의 굴대를 잘라 버리고 제나라로 달아났다. 7개월 만에 구유는 망했다.

42.

 제나라가 노나라를 치고 발이 셋 달린 보물 솥인 참정을 요구했다. 노에서는 위조된 솥을 가지고 갔다. 이 솥을 보고 제나라 사람이 '가짜'라고 말하자 노나라 사람은 '진짜'라고 우겼다. 제나라 사람은 이렇게 말했다.
 "우리는 노나라의 현명한 학자 악정자춘을 오게 하여 그분의 의견을 들어보겠다."
 노나라 군주가 악정자춘에게 부탁하자 그는 물었다.
 "왜 진짜를 보내주지 않습니까?"
 군주가 말했다.
 "나는 그것을 아낀다."
 그러자 자춘도 말했다.
 "저도 역시 저의 신용을 아낍니다."

43.

 오나라 왕 합려가 초나라를 공격해 세 번 싸워 모두 이겼다. 그는 오자서에게 "철수하는 게 어떻겠느냐"고 물었다. 자서는 이렇게 말했다.

 "익사시키려 하면서 한 번만 물을 먹이고 그치면 익사시킬 수 없습니다. 그러므로 쉬지 말고 계속해야 합니다. 기세에 올라타 가라앉히는 게 좋지 않겠습니까."

44.

 정나라 사람 아들이 벼슬을 하려고 집을 막 떠나면서 집안사람에게 일러 "무너진 담을 반드시 쌓아놓아야지, 그렇지 않으면 좋지 않은 사람이 도둑질을 할 것이다"고 했다.
 그 거리에 사는 사람도 역시 같은 말을 했다.
 담을 바로 개축하지 않았더니 과연 도둑이 들었다. 그들은 아들은 현명하다고 여기고, 일러준 거리의 사람은 도둑이 아닌가 의심하였다.

HOMO POLITICUS
저 설 儲說

글감을 모아둔 자료집이다.
내저설과 외저설이 있다.
내저설은 상하편 두 묶음, 외저설은 좌상하,
우상하 네 묶음이 있다.
경經과 전傳으로 구분되어 있는데,
경은 글의 주제에 해당하는 강령이고,
전은 구체적인 사례들을 모아놓은
사례집이다.

정치적 인간의 우화

내저설 상 편

군주가 신하들을 제대로 일하게 하려면
정치 기술이 있어야 한다.
내저설 상편에서는 군주가 사용하는
정치의 기술로 7가지를 제시한다.
이른바 칠술七術이다

한비자의 스케치

Ⅰ. 다양한 경로로 증거를 모아 대조하라

이를 **참관**參觀이라고 한다.

진실을 알고 싶으면 증거들을 모아 대조해 보아야 한다. 그리고 직접 들어야 한다. 만일 군주가 듣는 일을 문고리 신하에게 맡기면, 그가 말을 가리고 군주에게 들어가야 하는 말들을 막게 될 것이다.

1.

위衛나라 영공은 동성 애인인 미자하를 총애해 그가 위나라에서 전횡하고 있었다. 어느 날 군주 앞에서 재롱을 부리는 난쟁이 배우가 영공을 만나 말했다.
"제 꿈이 딱 들어맞았습니다."
"무슨 꿈이냐?"
"꿈에 아궁이를 보았는데, 공을 뵐 징조였나 봅니다."
이 말에 영공은 화가 나서 말했다.
"내가 듣기로 군주를 만나는 자는 꿈에서 해를 본다고 했는데, 어찌하여 꿈에서 부엌 아궁이를 보고 나를 보았다는 것이냐?"
그러자 난쟁이는 이렇게 대답했다.
"대체로 해는 천하를 두루 비추는 것이지요. 하나의 물건으로는 그것을 가릴 수 없습니다. 군주도 한 나라를 두루 비추지요. 그러므로 한 사람으로 가릴 수 없는 것입니다. 그런데 아궁이는 한 사람이 불을 때면 뒷사람은 그것을 볼 방법이 없습니다. 지금 혹시 한 사람이 군주 앞에서 불을 때고 있지 않습니까. 그러니 제가 비록 꿈에 아궁이를 보았다고 해도 맞는 말이 아니겠습니까."

2.

노나라 애공이 공자에게 물었다.
"속담에 이런 말이 있답니다. 여러 사람이 함께하면 헤매지 않는다. 지금 과인은 일하면서 여러 신하들과 상의하는데 나라는 더욱 어지러워지니 어쩐 일입니까?"
공자는 이렇게 대답했다.
"명군이 신하에게 물으면, 한 사람은 알고 한 사람은 모릅니다. 사정이 이러해서 명군은 윗자리에 있으면서 신하들에게 아래에서 솔직히 논의하도록 합니다. 그런데 지금 노나라의 신하들이 계손 씨(노나라 실권을 장악한 대부)와 말을 하나로 맞추고 행동을 같이하니, 노나라가 온통 하나가 되어버렸습니다. 군주께서 비록 경내에 있는 사람들에게 묻는다고 해도 이 어지러운 데에서 벗어나지 못할 것입니다."

다른 이야기도 있다.
제나라 재상 안영이 노나라를 방문했을 때, 애공이 물었다.
"세 사람이 가면 길을 잃지 않는다는 속담이 있습니다.

지금 저는 노나라 사람들 전체와 함께하는데도 노나라는 어지러움을 면하지 못합니다. 왜 그럴까요?"

이에 안영이 말했다.

"옛날에 이른바 세 사람이 가면 길을 잃지 않는다는 말은 한 사람이 실수해도 두 사람이 맞으면 세 사람이더라도 충분히 여럿의 몫을 한다는 말이었습니다. 그래서 세 사람이 가면 길을 잃지 않는다고 한 것이지요. 지금 노나라는 신하들 수천수백이지만 계손 씨의 사적인 이익에 맞는 한 마디로 통일돼 있으니 사람 수는 많아도 많지 않은 것입니다. 그 하는 말이 한 사람 말인데 이를 어찌 세 사람이나 된다고 하겠습니까?"

3.

숙손은 노나라 재상으로 국정을 제 마음대로 재단하고 있었다. 그가 아끼던 심복으로 수우라는 자가 있었는데, 수우 역시도 숙손의 영을 농단하고 있었다.

수우는 숙손의 아들들을 질투해 그들을 죽일 마음을 먹고 있었다. 한번은 수우가 숙손의 아들 임과 함께 노나라 군주의 행궁으로 놀러 갔다. 노군은 그에게 옥환 노리개를 주었다. 임은 그것을 받고 절했지만, 감히 허리에 차지 못하고, 수우를 시켜 아버지 숙손에게 차도 되는지 허락을 구해달라고 했다. 이에 수우는 거짓말로 말했다.

"제가 이미 허락받았으니 그것을 차도 됩니다."

그래서 임은 그것을 허리에 찼다. 그런데 수우는 이 일을 숙손에게 이렇게 아뢨다.

"임을 군주와 만나도록 하는 게 어떻겠습니까?"

그러자 숙손은 "어린아이를 어찌 뵙게 하느냐"고 했다. 이에 수우는 이렇게 말했다.

"임은 이미 수차 군주를 뵈었습니다. 군주께서 옥환 노리개까지 주어서 이미 그것을 차고 있습니다."

이 말에 숙손은 임을 불러서 보니 정말로 허리에 차고 있었다. 이에 숙손은 크게 화를 내며 임을 죽였다.

임의 형은 병이라고 하는데, 수우는 또 그를 질투해 죽이려고 했다. 숙손이 병에게 주려고 종을 만들었는데 그것이 완성되었다. 병은 감히 그것을 치지 못하고, 수우에게 일러 숙손에게 쳐도 되는지 물어달라고 했다. 또 수우는 거짓으로 말했다.

"제가 이미 청하여 허락받았으니 쳐도 됩니다."

병은 이 말을 듣고 종을 쳤다. 그러자 숙손이 그것을 듣고 말했다.

"병은 종을 쳐도 되는지 내게 물어보지도 않는구나."

그러고는 화가 나서 그를 내쫓았다. 병은 제나라로 달아났다. 1년 후 수우는 병을 사면해 달라고 숙손에게 빌었다. 숙손이 수우를 시켜 그를 불러오도록 했다.

그러나 수우는 부르지도 않고 이렇게 보고했다.

"제가 불렀는데 병이 크게 화를 내며 오려고 하지 않습니다."

숙손은 크게 화를 내며 사람을 시켜 그를 죽였다. 두 아들은 이미 죽었다. 숙손도 병이 들었다. 수우는 혼자서 그를 돌보며 다른 측근들은 모두 내보내고, 안으로 사람을 들이지 않았다. 그렇게 먹을 것도 주지 않고 굶겨 죽였다.

수우는 상도 치르지 않고 금고 안에 있는 귀중한 보물들을 챙겨서 제나라로 도망쳤다. 자신이 믿는다는 자의 말만 듣고 아비와 아들이 남에게 욕을 당했으니 이는 제대로 살피고 맞춰보지 않은 것이 화근이 된 것이다.

4.

 위나라 사군은 신하 여이를 중히 여기고, 애첩 세희를 사랑했다. 그러나 이들이 총애를 믿고 자신의 눈과 귀를 가로막을까 두려워 다른 신하 박의를 높여 여이와 맞서게 하고, 다른 첩실인 위희를 높여 세희와 맞서도록 하면서 "이렇게 서로 대조해보는 것이다"고 말했다.
 사군은 자신의 이목이 가로막히지 않아야 한다는 것은 알았지만, 어떻게 해야 하는지는 몰랐다. 아랫사람도 윗사람을 비판할 수 있고, 아랫사람이 윗사람과 나란히 앉을 수 있도록 하는 일은 하지 않은 채, 권력이 서로 비슷하게 된 이후에야 서로 비판할 수 있도록 했으니 더욱 군주를 가리고 막는 신하들이 늘어났던 것이다.
 사군이 가로막힌 것은 이렇게 시작되었다.

5.

 위나라의 신하인 방공이 태자를 따라 조나라의 수도인

한단에 인질로 가게 되었다. 그는 왕과 이런 말을 주고받았다.

"지금 한 사람이 시장에 호랑이가 있다고 한다면 왕께서는 믿으시겠습니까?"

"못 믿는다."

"두 사람이 시장에 호랑이가 있다고 하면 믿으시겠습니까?"

"못 믿는다."

"세 사람이 시장에 호랑이가 있다고 하면 믿으십니까?"

"나는 믿을 것이다."

"대체로 시장에 호랑이가 나타날 수 없다는 것이 명백한데, 세 사람이 말하면 호랑이는 있는 게 됩니다. 지금 한단과 위나라의 거리는 시장보다도 멀고, 저를 헐뜯는 자들은 세 사람보다 많을 것입니다. 바라옵건대 왕께서는 이 점을 살펴 주십시오."

이후 방공이 한단에서 돌아왔을 때, 결국은 많은 참언 때문에 왕을 볼 수 없었다.

II. 반드시 벌을 주어 위엄을 드러내라

이를 **필벌**必罰이라고 한다.

사랑이 넘치는 사람은 법을 세우지 못하고, 위엄이 적으면 아랫사람이 치받는다. 형벌이 확실치 않으면 금령도 이행되지 않는다.

1.

 동안우가 조나라 상지의 태수일 때에 석읍의 산중을 순시했다. 산골 물은 깊었고 벼랑은 장벽처럼 치솟아서 백 길은 되어 보였다. 빠지면 반드시 죽을 수밖에 없는 험지였다.
 그래서 주변 마을에 사는 사람들에게 "이곳에 사람들이 들어와 빠진 적이 있느냐"고 물어보았다.
 그러자 "없다"고 했다.
 그래서 다시 "아이나 맹인 혹은 벙어리, 미친 사람들 중에 일찍이 빠진 사람이 있느냐"고 물었다. "없다"고 했다. 그러면 "소나 말, 개나 돼지도 빠진 적이 없느냐"고 물었다. 역시 "없다"고 대답했다.
 동안우는 크게 탄식하면서 말했다.
 "내가 범법자는 절대로 용서하지 않는다는 법을 행사할 때, 이 산골처럼 빠지면 반드시 죽는다는 것을 분명히 드러낼 수만 있다면, 사람들이 감히 법을 어기고 범죄를 저지를 수 없을 것이다. 그러면 어찌 못 다스리겠는가?"

2.

 정나라 재상 자산은 병이 들어 곧 죽게 되었을 때 유길에게 이렇게 일렀다.
 "내가 죽은 뒤 그대가 반드시 정나라에 임용될 것이다. 그러면 반드시 엄한 자세로 사람을 대하라. 대체로 불은 형태가 엄하니 사람들이 적게 타죽고, 물의 형체는 유순해 보이니 사람들이 많이 빠져 죽는다. 그대는 반드시 엄한 모습을 보이고, 유하게 보여 백성들이 물에 빠져 죽게 하는 일이 없도록 하라."
 자산이 죽었다. 유길은 엄한 자세로 다니는 걸 참지 못했다. 그러자 그를 깔본 정나라 소년들이 패거리로 몰려서 도둑질을 하고, 갈대 늪을 근거지 삼아 난동을 부려 점점 나라의 화근이 되어가고 있었다. 유길은 전차와 기병을 이끌고 하루 낮밤을 싸워 겨우 이겼다. 유길은 한숨을 쉬면서 말했다.
 "내가 일찍이 그분의 가르침을 따랐다면 필시 이 지경에 이르지는 않았을 것인데."

3.

 은나라 법에는 길거리에 재를 버린 자를 벌하라고 돼 있다. 자공은 이것이 너무 무겁다고 생각해 공자에게 물었다. 공자는 이렇게 말했다.
 "다스리는 법을 안 것이다. 대체로 길거리에 재를 버린다면 반드시 사람이 덮어쓸 것이고, 사람이 덮어쓰면 그 사람은 반드시 화를 낼 것이고, 화를 내면 싸우게 된다. 싸우면 반드시 삼족이 서로 살상하게 된다. 이는 바로 온 집안이 살상당하는 일이니 처벌하지 않을 수 없는 것이다. 또한 중벌은 사람들이 싫어하는 것이고, 재를 버리지 못하게 하는 것은 사람에게 쉬운 일이다. 이렇게 쉬운 것을 하도록 해서 싫어하는 것을 버리게 하는 것이 '치도'라 할 것이다."

 다른 이야기도 있다.
 은나라 법에 '대로에 재를 버린 자는 손을 자른다'고 했다. 자공이 말하기를 "재를 버리는 것은 가벼운 죄인데 손을 절단하는 것은 무거운 벌입니다. 옛사람들은 왜 이렇게 지나치게 엄한 것입니까?"라고 하였다. 이에 공자가 이렇게 대답했다.

"재를 버리지 못하게 하는 것은 쉬운 일이고, 손을 자르는 것은 싫어하는 일이다. 쉬운 일로써 싫어하는 일에 걸려들지 않도록 만드는 것을 옛사람들은 쉽다고 생각했기 때문에 그렇게 행한 것이다."

4.

중산의 재상 악타가 수레 일백 대를 거느리고 조나라에 사절로 갔다. 그의 식객 중 재주가 있는 사람을 뽑아서 행렬을 지휘하도록 했는데, 가는 도중 혼란이 일어났다. 악타가 말했다.

"나는 그대에게 재능이 있어서 행렬을 지휘하도록 했는데 어떻게 도중에 이렇게 난리가 납니까."

그러자 식객은 사의를 표하고 떠나면서 말했다.

"공은 다스리는 방법을 모르는군요. 사람을 굴복시킬 수 있는 위엄을 가지고, 열심히 일하도록 할 만한 이익을 주어야 능히 그들을 부릴 수 있습니다. 지금 저는 신분이 낮은 군의 식객일 뿐입니다. 도대체 어린 사람이 나이 많은 사람을 바로잡고, 낮은 사람이 높은 사람을 부리려면 이해의 권한을 잡고 통제할 수 있어야 하는데, 그렇지 않으니 이렇게 혼란이 일어나는 것입니다. 저도 저들 중 좋은 사람을 경상으로 삼을 수 있고, 불순한 인사의 목을 벨 수 있다면 어찌 다스리지 못 하겠습니까."

5.

초나라 남쪽 땅 여수의 물속에서는 금이 나오는데, 많은 사람이 몰래 금을 캤다. 이에 금을 캐지 못하도록 하기 위해 '금을 캐다 붙잡히며 찢어 죽여서 시장에 내건다'는 법을 공표했다.

그래도 그런 자들이 너무 많아서 시체가 강물을 막아 양 갈래로 흐를 정도였지만, 사람들은 금 캐는 일을 멈추지 않았다. 찢겨 죽임을 당하고 시장에 내걸리는 것처럼 무서운 일은 없을 텐데도 그치지 않는 것은 반드시 잡힐 것으로 생각하지 않아서다.

그런데 누군가가 "그대에게 천하를 내주는 대신 죽일

것이다"라고 하면 사람들은 받아들이지 않는다. 천하를 갖는 것은 큰 이익이지만, 받아들이지 않는 이유는 반드시 죽을 것을 알기 때문이다.

   그러므로 반드시 붙잡히진 않는다고 생각되면, 비록 들킬 경우 찢겨 죽는 것을 알아도 금을 훔치는 것을 멈추지 않는다. 반드시 죽을 것을 안다면 천하도 필요 없다.

6.

   노나라 사람이 북쪽의 늪 지역 적택에 불을 질렀다. 마침 북풍이 불어와 불길이 남으로 향하고 도성을 태울 지경이었다. 애공은 두려워하며 사람을 이끌고 불을 끄려고 했지만, 주변에 있던 사람들은 적택에서 뛰쳐나오는 동물들을 쫓느라 불을 끄지 않았다. 이에 공자를 불러서 물었다. 공자는 이렇게 말했다.

   "짐승을 쫓는 일은 즐거운데 벌 받는 것도 아니고, 불을 끄는 것은 어려운 일인데, 상 받는 일도 아니니 여기 불을 끌 수 없는 것입니다."

이에 애공은 "그 말이 옳다"고 했다. 공자가 말했다.

"일은 급한데, 상을 줄 여유는 없습니다. 불을 끈 자에게 모두 상을 주면 나라에는 사람들에게 줄 상이 부족하게 됩니다. 다만 처벌만 하십시오."

이에 애공이 그 말에 동의하자 공자가 명령했다.

"불을 끄지 못하면 항복하거나 도망친 죄로 다스리고, 짐승을 쫓는 자는 금지에 들어간 죄로 다스릴 것이다."

명령이 내려지자 아직 두루 다 알려진 것도 아닌데 불은 이미 다 꺼졌다.

7.

성환이 제나라 왕에게 말했다.

"왕께서는 너무 사랑이 많고, 사람을 동정하십니다."

그러자 왕이 되물었다.

"크게 사랑하고 크게 동정하니 평판이 좋지 않으냐?"

이에 성환이 말했다.

"그것은 신하들에게나 선해야 한다는 것이지 지금 군주가 행하시는 것처럼 하는 것은 아닙니다. 무릇 신하들은 반드시 인애를 보여야 그후에 가히 함께 도모할 수 있고, 남을 동정하는 마음이 있어야 나중에 가까워질 수 있습니다. 인애가 없으면 함께 도모할 수 없고, 동정하지 못하면 가까이하지 못합니다."

왕이 되물었다.

"그렇다면 나는 어떤 점이 잘못 인애롭고, 어떤 점이 너무 남을 동정한다는 것인가?"

그러자 성환이 대답했다.

"왕께서는 설공(맹상군의 아버지로 왕의 친척)을 크게 사랑하시고, 공실인 전田씨들을 지나치게 동정합니다. 설공을 지나치게 사랑하시면 그에게 권력이 집중되니 중신들의 권위가 낮아지고, 공실인 전씨 일족을 지나치게 가엽게 생각하시면 숙부와 사촌과 조카들이 범법을 하게 됩니다. 대신들이 힘을 못 쓰면 외국을 방어해야 할 병사들이 약해질 것이고, 공실 일족이 범법을 하면 국내 정치가 혼란스러워질 것입니다. 외적을 방어할 군대는 약하고, 국내 정치는 어지러운 것을 두고 망국의 원인이라고 하는 것입니다.

8.

위나라 혜왕이 복피에게 물었다.
"그대는 나에 대한 평판을 들었을 터인데, 들어보니 어떻던가?"
복피가 말했다.
"왕께서는 자애롭고 은혜로운 분이라고 들었습니다."
왕은 아주 기뻐하면서 말했다.
"그러하니 앞으로 안정된 상태에 이르지 않겠는가?"
그러자 복피가 대답했다.
"왕의 공으로 망하는 데에 이를 것입니다."
"백성들은 나를 자애롭고 은혜롭다고 했다. 행동이 선한데 어찌하여 망하는 길로 간다고 하는가?"
왕의 물음에 복피는 이렇게 답했다.
"본시 자애로운 자는 측은한 마음을 갖고, 은혜로운 자는 베풀기를 좋아합니다. 측은하다 하여 죄가 있어도 벌을 주지 않고, 베풀기를 좋아하여 공을 세우지 않아도 상을 줍니다. 과오는 있는데 벌이 없고, 공은 없는데 이득이 주니 비록 망한다 해도 당연하지 않습니까?"

9.

　衛나라 사군 때에 죄수 하나가 魏나라로 도망쳐 양왕 아내의 병을 치료한다고 하였다. 사군이 사람을 시켜 50금을 줄 터이니 그를 팔라고 청했다. 위왕은 다섯 번이나 청했지만 들어주지 않았다. 그러자 좌씨라는 성 하나를 내주겠다고 했다. 측근 신하들이 간하였다.
　"성 하나를 주고 도망친 죄수를 사는 것이 옳겠습니까?"
　그러자 왕이 말했다.
　"대체로 나라를 다스리는 데에는 작은 일이 없고, 난을 대처하는 데에는 큰일이 없다고 했다. 법이 바로 서지 못해서 벌이 제대로 시행되지 않으면, 비록 좌씨 성이 열 개가 있어도 이익이 되지 않는다. 법을 세워 반드시 벌을 주게 되면 비록 열 개의 좌씨성을 잃더라도 손해가 아니다."
　위나라 왕은 이 말을 듣고 "군주가 다스리고자 하는데 이를 들어주지 않는 것은 상서롭지 못하다"고 말하곤 죄수를 실어서 돌려보내고 아무 보상도 받지 않았다.

III. 반드시 상을 주어 능력을 다하게 하라

이를 **상예**賞譽 라고 한다.

보상(인센티브)과 칭찬이 야박하면 아랫사람은 일하지 않는다. 보상과 칭찬이 후하고 믿을 만하면 아랫사람은 목숨을 아끼지 않는다.

1.

월왕 구천이 대부 문종에게 물었다.

"내가 오나라를 치려고 한다. 어떠한가?"

"가능합니다. 제가 상을 후히 줘서 믿음을 얻고, 벌은 반드시 엄하게 실행하여 기강을 잡겠습니다. 군주께서 시험 삼아 궁에 불을 질러 얼마나 기강이 잡혔는지 확인해 보십시오."

그래서 일부러 궁에 불을 질렀지만, 그것을 끄려는 사람은 없었다. 이에 곧바로 이런 명령을 내렸다.

"불을 끄다 죽으면 전장에서 죽은 자와 같은 상을 내리고, 불을 끄다 살아남으면 전장에서 승리한 자에게 주는 상을 줄 것이며, 불을 끄지 않은 자는 항복하거나 도망친 죄에 맞추어 처벌한다."

그러자 몸에 진흙을 바르고 물에 적신 옷을 입고 불길 속으로 달려가는 사람이 좌측으로 삼천 명, 우측으로 삼천 명에 달하였다. 이로써 필승지세를 알게 됐다.

2.

 오기는 위나라 무후 연간에 서하에서 태수를 했다. 이곳엔 진나라 쪽 접경지에 작은 성채가 있었는데, 오기는 그것을 공격해 없애고 싶었다.
 그 성채 사람들이 농부들에게 위해를 가했고, 장차에도 이롭지 않기 때문이다. 그러나 공격을 위해 정규군을 징발하기엔 명분이 부족했다. 어느 날, 그는 북문 밖에 수레의 끌채를 세워놓고, 이런 명령을 내렸다.
 "이것을 남문 밖으로 옮겨놓는 자에겐 좋은 밭과 좋은 집을 주겠다."
 하지만 그것을 옮기는 자가 없다가 드디어 한 사람이 그것을 옮겨놓으니, 그에게 곧바로 영을 내린 그대로 밭과 집을 주었다. 그러고 나서 어느 날은 붉은 콩 한 석을 동문 밖에 내놓은 뒤 영을 내렸다.
 "이것을 서문 밖으로 옮기면 전번과 같은 상을 내리겠다."
 그러자 사람들이 그것을 옮기기 위해 다투었다. 드디어 그는 명령을 내렸다.
 "내일 작은 성채를 공격할 것이다. 먼저 오르는 자는 국대부로 삼고, 좋은 밭과 집을 주겠다."

사람들은 앞다투어 달려 나갔고, 그 성채를 공격해 아침나절에 함락시켰다.

3.

송나라 숭문에 있는 사람이 부모의 상을 치르느라 몸이 상하고 몹시 말랐다. 군주는 효심이 갸륵하다며 그를 관리로 삼았다. 이듬해 부모상을 치르다 몸이 상해 죽은 사람이 10여 명이 나왔다.

자식이 부모상을 치르는 것은 사랑하는 마음인데 그것을 상을 주며 권장하다니, 이게 군주가 백성을 위해 한 일이란 말인가?

4.

월왕이 오나라를 치려고 궁리하면서 사람들이 죽음을 가벼이 여기도록 하고 싶었다. 그래서 그는 밖에 나갈 때

잔뜩 성을 낸 두꺼비를 보면 경례를 올렸다.

시종이 "왜 그렇게 공경하느냐"고 물었다. 왕은 이렇게 대답했다.

"기개가 있지 않으냐."

이듬해 왕에게 자기 머리를 바치겠다고 하는 자가 10여 명이나 되었다. 이로 미루어보면 칭찬 한마디가 사람을 죽일 수도 있는 것이다.

다른 설도 있다.

월왕 구천이 잔뜩 부풀어 오른 두꺼비에 경례하였다. 이에 시중들던 사람이 "왜 그렇게 하느냐"고 물어보니 왕이 이렇게 말했다는 것이다.

"두꺼비가 이처럼 기세가 있으니 어찌 격식을 차리지 않을 수 있겠는가?"

무사들이 이를 듣고 말했다.

"두꺼비도 기세가 있으면 왕이 격식을 갖춰 존중하는데, 하물며 무사들에게 용기가 있다면 더 일러 무엇하겠는가."

그해 자기 머리를 잘라 바친 자가 있었다. 이에 월왕은 앞으로 오나라에 복수하려고 모범 삼아 보여줬던 것들을 시험해보고자 했다.

누각에 불을 지르고 북을 쳐서 사람들이 불 속으로 뛰어들게 하려고 상을 불 속에 두었다. 또 강에 가까이 가서 북을 쳐 물속으로 뛰어들게 하려고 상을 물속에 두었다.
　전쟁에 임해 사람들이 목이 잘리고 등이 갈라져도 뒤돌아보지 않는 마음을 갖게 하는 것은 상이 그 병기 안에 있기 때문이다.
　법으로 어진 사람이 진출할 수 있도록 한다면, 그 효과는 이보다 더 크지 않겠는가.

IV. 하나하나 듣고 실적을 추궁하라

이를 **일청**—聽이라고 한다.

군주가 하나하나 다 들어야 어리석은 자와 영리한 자를 혼동하지 않고, 아래로 책임을 물어야 유능한 신하와 무능한 신하들이 섞이지 않는다.

1.

위나라 왕이 정나라 왕에게 말했다.
"원래 정나라와 위나라는 한 나라였는데, 갈라졌구려. 이제 우리가 정나라를 얻어서 하나로 합치고 싶소."
정나라 군주는 근심하며 신하들을 불러 함께 위나라에 대한 대책을 모의했다. 정나라 공자가 왕에게 말했다.
"이것은 대단히 쉽게 응대할 수 있습니다. 군주께서는 위왕에게 이렇게 말씀하십시오. '정나라가 옛날 위나라 땅이었다는 이유로 합병할 수 있다면 우리나라도 역시 그대의 땅을 얻어 정나라에 합병시키고 싶소.'"
위왕은 결국은 그 말을 철회했다.

2.

세 나라 군대가 진나라로 들어가는 관문 함곡관에 쳐들어왔다. 진나라 왕은 누완에게 말했다.
"나는 하동 땅을 베어주고 강화하고 싶소. 어떠하오?"

이에 누완이 말했다.

"하동을 주는 것은 비용이 크고, 나라가 환란을 면하는 것은 큰 성과입니다. 공자 사를 불러서 물어 보시지요."

왕은 공자 사를 불러 이를 알렸다. 그러자 그가 말했다.

"강화를 해도 후회하고, 하지 않아도 후회할 것입니다. 왕께서 지금 강화하면 삼국은 돌아갈 것입니다. 그러고 나면 왕께서는 '삼국은 원래 돌아가려고 했었다. 내가 호락호락해서 세 성만 보냈구나' 하고 후회하실 겁니다. 그런데 강화하지 않아 삼국이 쳐들어오면, 나라는 반드시 함락될 것이고, 왕께서는 반드시 세 개의 성을 내주지 않은 걸 크게 후회할 것입니다. 이런 이유로 제가 강화를 해도 후회하고, 안 해도 후회할 것이라고 한 것입니다."

왕은 말했다.

"내가 어차피 후회한다면 위험하게 한 뒤 후회하면 안 된다. 나는 강화하기로 결정했다."

V. 슬쩍 떠보고 짐짓 엉뚱한 말을 하라

이를 **궤사**詭使 라고 한다.

자주 보면서도 오래 기다리게 하고 임용하지 않으면 간악한 자들은 사슴처럼 흩어진다.
가끔 엉뚱한 짓을 하고, 사람에게 맥락 없는 것들을 물어볼 때 사사롭게 감추어졌던 것이 드러나는 경우가 있다.

1.

 방경이라는 현령이 시장을 단속하는 사람을 내보냈다. 그리고 사람들이 보는 앞에서 감독관을 불렀다가 그저 아무 의논도 하지 않은 채 그를 돌려보냈다.
 그러고는 잠시 서 있으면서, 아무 말도 없이 단속하는 일을 지켜봤다.
 시장 사람들은 현령과 감독관 사이에 뭔가 의논이 있었을 것으로 생각하고, 서로 믿지 못해 나쁜 짓을 하지 못했다.

2.

 송나라 재상 대환은 밤중에 하인에게 심부름시키며 말했다.
 "내가 들으니 여러 날 밤마다 덮개 씌운 수레가 옥리의 집에 드나든다고 하니 내 대신 가서 엿보고 오너라"
 하인이 돌아와 보고했다.

"수레는 보지 못했지만, 상자를 들고 올라가 함께 이야기하는 자는 보았습니다. 조금 있다가 옥리가 그것을 받았습니다."

3.

송나라 재상이 어린 시종을 시장에 보냈다. 그가 돌아오자 "시장에서 무엇을 보았느냐?"고 물었다.

어린 시종은 "본 건 없으나 시장 남문 밖에 우마차가 너무 많아서 겨우 지나갈 수 있었습니다"라고 말했다.

그러자 재상은 시종에게 "내가 너에게 물었던 것을 다른 사람에게는 고하지 말라"고 한 뒤 시장 감독 책임이 있는 관리를 불러 "시장 남문밖에 왜 그렇게 쇠똥이 많으냐"고 꾸짖었다.

시장 관리는 재상이 그렇게 빨리 안 것을 아주 이상하게 생각하면서 자기가 맡은 직분을 열심히 하게 되었다.

VI. 알아도 모르는 척 질문하라

이를 **협지**挾知 라고 한다.

모르는 척하고 질문하면 모르던 것도 알게 된다. 한 가지 일을 깊이 탐구하면 숨겨졌던 많은 일들이 드러난다.

1.

 한나라 소후는 현에 기사를 사자로 보냈다. 사자가 보고하자 소후가 물었다.
 "무엇을 보았는가?"
 "아무것도 못 보았습니다."
 "비록 그렇다고 해도 뭐라도 보지 않았겠느냐?"
 "남문 밖에서 누런 송아지가 길 왼쪽에 있는 모종을 먹었습니다."
 소후는 사자에게 "내가 그대에게 물어본 것을 절대 말하지 말라"고 말한 뒤 이렇게 영을 내렸다.
 "모내기 철을 맞아 소와 말이 논에 들어가지 못하게 단속하라고 영을 내렸는데, 관리들이 이를 잘 돌보지 않아 소와 말이 남의 논에 들어가는 일이 매우 많다. 빨리 그 숫자를 조사해 올리도록 하라. 하지 못하면 죄를 가중할 것이다."
 이에 세 지방에서 조사해 올렸다. 소후는 "미진하다"고 말하고, 다시 나가 살펴보니 남문 밖에 누런 송아지가 있었다. 관리들은 왕이 밝게 살핀다고 보고, 모두 그 소임에 힘쓰고 감히 비위를 저지르지 못했다.

2.

 주나라 군주가 굽은 막대기를 찾게 했다. 관리들이 여러 날 동안 찾았지만 찾을 수 없었다. 군주는 사사로이 사람을 시켜 찾으라고 했다.
 하루도 안 돼 그것을 찾았다. 그러자 그는 관리들에게 말했다.
 "나는 관리들이 일에 힘쓰지 않음을 알겠다. 굽은 막대기는 찾기 쉬운 것인데, 관리들은 그것을 찾지 못하고, 내가 측근을 보내 찾게 하니, 하루를 넘기지 않고 찾아냈다. 이러니 충실하다고 말할 수 있겠는가."
 관리들은 모두 긴장하여 소임을 다하고, 군주가 신명하다고 여겼다.

VII. 말을 일부러 거꾸로 해보라

이를 도언倒言이라고 한다.

말을 뒤바꿔서 하고, 일을 반대로 하면서 의심스러운 것을 들춰 보면, 간악한 자의 성정을 살필 수 있다.

1.

위나라 사공이 사람을 시켜서 나그네 차림으로 관문을 지나도록 했는데, 문지기가 그를 가혹하게 취조했다.
그래서 문지기에게 돈을 주었다. 문지기는 이내 그를 풀어주었다. 사공이 문지기에게 물었다.
"언젠가 나그네가 이곳을 통과할 때 너에게 금을 주자 그것을 받고 풀어준 적이 있느냐?"
문지기는 이내 크게 겁에 질렸다.

2.

제나라 사람 중 반란을 일으키려고 하는 사람이 있었는데, 이를 왕이 알까 봐 두려웠다. 그래서 왕을 속이기 위해 자기가 아끼던 사람을 내쫓아 왕에게 도망치도록 한 뒤 왕의 사정을 엿봤다.

내저설 하 편

사람의 일에는 조짐 있다.
미리 조짐을 읽을 줄 알아야 한다.
특히 신하가 득세하고 군주가 약해질
조짐은 여섯 가지가 있다.
이른바 육미育微 이다.

I. 빌린 권력도 똑같은 힘을 발휘한다

권차權借

군주는 연못이며, 신하는 그 권력 속의 물고기와 같다. 물고기가 연못을 잃으면 다시 얻을 수 없으며, 군주가 신하에게 권력을 넘기면 다시 돌려받지 못한다.

상벌은 예리한 무기로 군주가 이를 잡고 신하를 제어하는 것이고, 신하가 그것을 얻으면 군주를 고립시킨다. 군주가 누군가에게 상을 주려는 뜻을 미리 내보이면 이를 들은 신하는 그것을 팔아서 자기 덕으로 삼고, 군주가 먼저 벌할 뜻을 내보이면 신하는 그것을 자신의 위세로 삼는다.

그렇게 되면 군주는 권세를 잃고, 신하는 힘이 강해지고, 조정 안팎이 그를 위해 일하고, 군주는 고립되고, 나라는 혼란에 빠진다.

1.

제나라 재상 정곽군이 친구와 함께 오랫동안 얘기를 나누었더니 그 친구가 부유해졌다. 또 측근에게 수건을 주었더니 그 측근이 중요한 사람처럼 되었다.

오래 이야기를 나누고 수건을 받은 일은 작은 밑천인데도 재상의 친구라는 이유만으로 그것이 부를 이루는 기반이 되었다.

사정이 이러하니 하물며 관리들의 권세는 어떠할 것인가.

2.

진나라 여공 때 여섯 대부(육경)의 힘이 강해지며 존귀해졌다. 서동과 장어교가 군주에게 이렇게 간했다.

"대신의 지위가 높고 강해 군주와 맞서서 정사를 다투고, 외국과 거래해 당파를 만들며, 아래로 국법을 어지럽히고, 위로는 군주를 협박합니다. 나라가 이런 지경에서 위험하지 않은 경우가 없었습니다."

그러자 여공은 "알았다"고 말하고, 육경 중 삼경을 주살했다. 서동과 장어교는 다시 간했다.

"같은 죄를 지은 자들을 일부만 죽이고, 다 없애지 못하면, 원한을 품게 하여 틈을 보여주게 됩니다."

그러자 여공이 말했다.

"경을 세 명이나 죽였다. 차마 더는 못하겠다."

이에 장어교가 말했다.

"그러시면 저들이 앞으로 공을 해할 것입니다."

그러나 여공은 듣지 않았다. 석 달이 지난 후 남은 경들이 난을 작당하여 여공을 죽이고 땅을 나눠 가졌다.

3.

연나라엔 미친 사람에게서 귀신을 쫓는다며 개똥을 끼얹는 풍습이 있다. 그런데 미치지 않았는데도 개똥을 뒤집어쓴 남자가 있다.

그 연나라 사람의 아내는 선비와 통정하였는데, 남편이 일찍 밖에서 돌아오다 때마침 나가던 남자를 보았다.

남편이 "어떤 손님인가?"하고 물었더니, 그의 아내는 "손님은 없어요"라고 대답했다. 좌우에 물어보니 그들도 모두 "없었습니다"라고 한 입처럼 대답했다.

그러자 그 처가 "당신이 뭔가에 홀렸나 봅니다"라며 그에게 개똥을 끼얹었다.

초나라 재상 주후는 높은 지위로 전횡하고 있었다. 초왕이 이를 의심하여 측근들에게 물었더니 "그런 일은 없습니다"라고 하였다. 그 말은 마치 한 사람의 입에서 나오는 것 같았다.

이미 위세가 넘어가면 좌우의 모든 사람이 위세를 가진 사람을 위해 한목소리를 내고, 일이 그렇게 되면 진실도 가려진다.

II. 이익이 다르면 목표도 다르다

이이利異

사람들의 관계에선 각자의 이익이 다르다. 군신 간에도 이익이 달라 신하들은 충성을 다할 수 없다.

그래서 신하가 자기 이익을 추구하기 시작하면 군주의 이익은 없어진다. 간신들은 적군을 불러들여 내부의 경쟁자를 제거하려 하고, 나라 밖의 일을 들어 군주를 협박한다.

그렇게 자신의 사적 이익에 몰입하는 자들은 나라의 우환은 돌아보지 않는다.

1.

위나라에 사는 부부가 기도를 하였는데 아내가 이렇게 빌었다.
"우리가 무고하게 살도록 해주시고, 삼베 백 필을 벌게 해주십시오."
이에 남편이 "왜 그리 적게 벌게 해달라고 기도하느냐"고 물었다.
처가 이렇게 대답했다.
"더 많으면 당신이 첩을 사 올 테니까요."

2.

노나라의 맹손·숙손·계손이 서로 힘을 합쳐 소공을 협박했고, 마침내 그 나라를 빼앗아 지배하게 되었다. 이처럼 노나라의 세 명문가가 공실을 핍박하자 소공이 계손 씨를 쳤다.
이에 맹손 씨와 숙손 씨가 서로 모의하면서 "구원해야

하는가?" 하였다.

그러자 숙손 씨의 가신이 이렇게 말했다.

"저는 가신입니다. 다른 집안 평안까지 알아야 합니까? 도대체 계손이 있는 것과 없는 것 중 어느 쪽이 우리에게 유리하겠습니까?"

그러자 모두 말했다.

"계손이 없으면 숙손도 없습니다."

그러자 가신이 말했다.

"그렇다면 당연히 구해야 합니다."

그 말에 따라 숙손은 서북쪽으로 들어갔다. 맹손은 숙손의 깃발이 들어가 있는 것을 보고, 역시 구하러 왔다. 이들 세 명문가가 하나로 합치니 소공은 이기지 못하고 쫓겨나 건후 땅에서 죽었다.

3.

공숙은 한나라 재상이면서 제나라에도 공로가 있었다. 한나라 왕이 다른 신하 공중을 존중했다. 공숙은 왕이 공중을 재상으로 삼을까 봐 두려워 제나라와 한나라가 협약을 맺어 위나라를 치자고 했다.
 공숙은 이를 빌미로 안으로 제나라 군사를 끌어들이고, 또 제나라 군사들을 이용해 군주를 협박하였다. 그렇게 함으로써 자기 자리를 지켜냈다.

 자신이 일하는 나라를 공격하라고 작당한 신하도 있다.
 적황은 위왕의 신하였는데, 한나라와도 좋은 관계였다. 이에 한나라 군대를 불러들여 위나라를 공격하도록 하고서, 위왕에게 강화를 청하며 자신이 강화를 주도해 지위를 굳혔다.

4.

 월왕이 한때 자기 나라를 빼앗았던 오왕에게 반격하여 승리하자 오왕이 사죄하며 항복을 고했다. 월왕이 이를 허락하려 하자 범려와 대부 문종이 말했다.
 "안 됩니다. 옛날에 하늘은 월나라를 오나라에 주려고 했지만, 오나라가 받지 않았습니다. 지금 하늘이 오나라에서 돌아선 것은 하늘이 내리는 재앙입니다. 오나라를 월에게 주려는 것이니 두 번 절하고 받으십시오. 항복을 받고 그들을 풀어주지 마십시오."

이때 오나라 태재 백비가 대부 문종에게 편지를 보내 말했다.

"약삭빠른 토끼를 다 잡고 나면 이를 잡느라 수고했던 선량한 개들은 삶아 먹히고, 적국이 멸망하면 함께 계책을 세운 모신들도 망합니다. 대부께서는 어찌하여 오나라 왕을 풀어주어 월나라의 근심거리로 만들어서 당신의 안녕을 지키려 하지 않습니까?"

대부 문종은 편지를 읽고 나서 크게 탄식하며 말했다.

"편지를 들고 온 사신을 죽여라. 월나라도 오나라와 같은 운명이 될 것이다."

III. 일은 같아도 이익은 다르다

사류似流

하나의 사안을 놓고 실수하는 쪽이 있으면, 반대로 이 일로 사사로운 이익을 챙기는 이유가 되는 일들이 있다.
군주의 실수가 신하의 이익이 될 때가 있고, 자기 이익을 추구하는 사람이 권력자의 실수를 유도할 수도 있다.

1.

 제나라의 중대부 이야라는 사람이 왕의 술 시중을 들었다. 취기가 심해 밖으로 나와 회랑의 문에 기대어 있었다. 한 발이 잘린 문지기가 와서 남은 술이 있으면 조금 줄 수 있겠느냐고 물었다. 이야는 꾸짖으며 말했다.
 "물러가라. 형벌을 받아서 불구가 된 주제에 어찌 감히 높은 어른에게 술을 달라고 하느냐."
 그러자 문지기가 도망치듯 물러갔다. 이야가 자리를 뜨고 난 뒤, 그 문지기는 회랑 문 처마 아래에 물을 부어 오줌을 눈 것처럼 보이게 했다. 이튿날 왕이 나와서 그것을 보고 꾸짖으며 말하였다.
 "여기에 누가 오줌을 누었느냐?"
 한 발이 없는 문지기가 말했다.
 "장면을 보지는 못했지만, 어제 중대부 이야가 이곳에 서 있었습니다."
 그러자 왕은 이야를 벌주며 죽였다.

2.

제양군은 위왕의 신하 두 사람과 사이가 좋지 않았다.

어느 날 제양군은 사람을 시켜 마치 누군가가 왕명을 사칭해 자신을 치도록 한 것처럼 일을 꾸몄다.

왕은 이에 놀라 제양군에게 사람을 보내 "이런 일을 꾸밀 만한 누군가에게 원한을 산 일이 있느냐"고 물었다.

그러자 제양군이 답했다.

"감히 원한을 산 일은 없습니다만, 두 사람과 사이가 좋지 않았습니다. 하지만 이런 일을 벌일 만큼은 아니었습니다."

왕은 측근들에게 물어보았다.

측근들은 "확실히 그 두 사람과 사이가 좋지 않다"고 대답했다. 그러자 왕이 이를 근거로 두 사람을 주살하였다.

3.

초왕이 정수라는 애첩을 총애했는데, 새로운 미녀를 또 첩으로 들였다. 정수는 그녀에게 이렇게 가르쳐줬다.

"왕께서는 사람들이 입을 가리는 것을 좋아합니다.

그러니 왕 가까이에 가거든 반드시 입을 가리세요."

미녀는 왕을 가까이에서 모시면서 이 말에 따라 입을 가렸다. 왕이 그 까닭이 무엇인지를 정수에게 물었다.

그러자 그녀가 말했다.

"저 사람이 왕의 냄새가 싫다고 하더이다."

한번은 왕이 정수와 미녀와 함께 앉았는데, 정수는 먼저 시종에게 이렇게 일렀다.

"왕께서 말씀하시거든 반드시 즉시 왕의 말씀을 따라야 한다."

미녀가 왕 가까이에 갈 때 여러 번 심하게 입을 가리자 왕은 불끈 화를 내면서 "코를 베어라"고 소리쳤다.

시종은 즉시 칼을 뽑아 미인의 코를 베었다.

이 이야기에는 다른 버전도 있다.

위왕이 초왕에게 미인을 보내주었는데 초왕이 그녀를 좋아했다. 부인 정수는 왕이 그녀를 매우 사랑한다는 걸 알고 왕보다도 더 그녀를 아껴주면서 의복과 기호품을 그녀가 원하는대로 골라서 주었다.

이에 왕이 말했다.

"부인이 내가 새로운 사람을 사랑하는 것을 알고

사랑하기를 나보다 더하니 이것이 바로 효자가 부모를 봉양하는 것이며 충신이 군주를 섬기는 것과 같지 않소."

부인은 왕이 자신을 질투하지 않는 사람으로 알고 있다는 것을 확인하고, 새 사람에게 이렇게 일렀다.

"왕께서 그대를 매우 사랑하시는데 그대의 코가 싫다고 하시는구려. 그대는 왕을 뵐 때 항상 코를 가리도록 하오. 그러면 왕이 오래도록 그대를 총애하실 것이오."

이에 새 사람은 그 말에 따라 왕을 볼 때마다 항상 코를 가렸다. 왕이 부인에게 말했다.

"새 사람이 나를 볼 때면 코를 가리는데 어찌 그러하오?"

"제가 어찌 알겠습니까?"

그래도 왕은 계속 물었다. 그러자 대답했다.

"얼마 전 왕의 냄새가 싫다고 하는 말을 들었습니다."

왕은 화를 내며 "코를 베라"고 말했다. 부인은 이보다 먼저 시종에게 "왕이 말씀하시면, 즉각 명을 따르라"고 당부해 놓았었다.

이에 시종은 칼을 뽑아 미인의 코를 베어버렸다.

4.

 비무극은 초나라 영윤과 가까웠다. 어느 날 그는 영윤이 극완이라는, 새로 들어온 부하를 매우 총애하는 것을 알게 됐다. 무극이 이를 보고 영윤에게 말했다.
 "영윤께서는 완이를 굉장히 아끼는 것 같습니다. 언제 한번 그 집에서 주연을 베풀지 않으시겠습니까."
 영윤은 "좋다"고 말했다. 그리고 극완에게 일러 집에서 술자리를 마련하라고 했다.
 무극은 극완에게 이렇게 알려주었다.
 "영윤은 대단히 오만하고, 병기를 좋아하오. 그대는 반드시 삼가고 공경하는 태도로 대하고, 먼저 병기들을 마루부터 문과 정원에 이르기까지 진열해 놓으시오."
 극완은 그대로 했다. 영윤이 가서 보니 집안에 온통 병기가 가득해 크게 놀라며 "이게 어찌 된 일이냐"고 물었다.
 무극은 "군이 위험합니다. 어서 떠나십시오. 제가 이런 사태를 어찌 알았겠습니까" 하였다.
 영윤은 크게 화를 내며 병사를 일으켜 극완을 죽였다.

5.

위나라에 연로한 유생이 제양군과 사이가 좋지 않았다. 제양군의 식객 중에 유생에게 원한을 가진 자가 있었다.

그래서 그 유생을 죽이고선 제양군에게 마치 자신이 군을 위해 덕을 행한 양 이렇게 말했다.

"저는 군을 위하여 그 유생을 죽였습니다."

제양군은 더 살펴보지도 않고 그에게 상을 주었다.

다른 버전의 이야기도 있다.

위나라 제양군 집에서 심부름하는 소서자가 군에게 총애를 받고 싶어 했다. 그즈음 제나라에서 늙은 유생에게 마리산의 약초를 캐오도록 시켰다. 소서자는 공을 세우고 싶은 욕심에 들어가 군을 뵙고 말했다.

"제나라에서 유생을 시켜 마리산 약초를 캐오라고 하였는데 명분은 약초를 캐는 것이지만, 실제론 군의 실정을 염탐하고자 하는 것입니다. 군이 그를 죽이시면 장차 제나라가 군께 죄를 물을 것이니 제가 몰래 죽이겠습니다."

제양군은 그렇게 하라고 말하자 다음날 그가 유생을 죽였다. 이에 제양군은 그를 친근하게 대했다.

IV. 손익이 갈리는 지점을 살펴야 한다

유반有反

사건이 일어나 이익이 생긴다면, 그 이익을 노린 자가 주관한 것이다. 어떤 일로 손해가 생겼다면, 반드시 그 일로 이익을 챙긴 반대편을 살펴야 한다.

명군은 문제가 발생했을 때, 나라가 손해를 보고 그 이익을 얻은 자가 있으면 그를 조사한다. 또 신하가 손해를 입으면 그 반대급부를 얻은 자를 살핀다.

1.

 소해휼이 초나라에서 임용되었을 때, 누군가 곡물과 사료 창고 움집의 지붕에 불을 질렀지만, 누가 불을 질렀는지 알 수 없었다.
 소해휼은 관리를 시켜서 움집 지붕을 엮는 띠를 파는 자를 신문하게 하였더니 과연 그가 저지른 일이었다.

2.

 진나라 문공 시절 주방 일을 보는 재인이 고기를 구워 올렸는데 머리카락이 있었다. 문공은 재인을 불러 꾸짖으며 말했다.
 "너는 내가 목이 막히면 어쩌려고 머리카락으로 고기를 감았느냐?"
 재인이 머리를 조아리고 거듭 절을 하며 청했다.
 "저는 죽을 죄를 세 개나 저질렀습니다. 숫돌에 칼을 갈면서 간장(오나라 유명한 도공)처럼 칼날을 날카롭게 갈아 고기를 썰어보니 고기는 잘 잘렸는데, 머리카락은 잘리지 않았습니다. 이것이 저의 첫째 죄입니다. 나무 꼬치에 고기를 꿰었는데, 머리카락은 보이지 않았습니다. 이게 제 둘째 죄입니다. 숯불 화로를 들어서 불을 빨갛게 피웠습니다만, 고기가 다 익도록 머리카락이 타는 일은 없었습니다. 저의 셋째 죄입니다. 저 아래에 누군가 저를 미워하는 자가 있어 몰래 한 일일 수 있지 않겠습니까?"
 문공은 "그럴 수 있겠구나"라고 한 뒤 당하의 신하들을 문책하여 과연 그자를 찾아 처벌했다.

V. 서열이 뒤섞이면 분란이 일어난다

참의參疑

서열로 움직이는 조직에서 아래와 위의 세력이 비슷해지면 난이 일어나는 원인이 된다.

1.

　진晉나라 헌공 때 여희가 높아져 정부인과 비길 만했다. 여희는 아들 해제를 태자 신생 대신 후계로 세우기 위해 군주에게 신생을 모함하여 죽이도록 하고, 마침내 해제를 태자로 세울 수 있었다.
　태자 신생의 사부 호돌이 말했다.
　"나라의 군주가 여자를 좋아하면 태자가 위태롭고, 내시를 좋아하면 신하들이 위태롭다."

2.

　정나라 군주는 이미 태자를 세웠다. 그런데 군주가 총애하는 미녀가 자기 아들을 후계자로 세우려고 했다. 이에 태자의 어머니이자 군주의 부인은 이를 두려워해, 독약을 써서 남편을 비참하게 죽였다.

3.

 초나라 성왕이 아우 상신을 태자로 삼았다. 이미 그러고 나서 또 공자 직을 세우고자 했다. 상신이 난을 일으켜 마침내 성왕을 죽였다.

 이 이야기에는 또 다른 설도 있다.
 초성왕은 상신을 태자로 세워놓고, 아들인 공자 직을 다시 세우려고 했다. 상신이 이를 들었으나 아직 확인하지 못해 반숭에게 이렇게 물었다.
 "어떻게 확인해 볼 수 있겠는가?"
 반숭은 말했다.
 "성왕의 누이인 강비를 초대한 뒤 불경스럽게 대해 보십시오."
 태자는 이 말대로 했더니 강비가 말했다.
 "오호라 천한 놈 같으니라고. 군왕께서 너를 폐하고 직을 세우려는 것이 당연하구나."
 상신이 "정말이구나"하니 반숭이 말했다.
 "이제 그분을 섬길 수 있겠습니까?"
 "그렇게 못한다."

"제후에게서 도망칠 수 있겠습니까?"
"그것도 할 수 없다."
"그럼 대사를 일으킬 수 있겠습니까?"
"그건 할 수 있다."

그러고는 곧바로 숙소의 군사들을 일으켜 성왕을 쳤다. 성왕은 곰 발바닥 요리나 먹고 죽게 해달라고 청했지만, 상신이 받아들이지 않아 결국 자살했다.

4.

한외는 한나라 애후의 재상이었다. 엄수는 군주가 중용한 인물이다.

두 사람은 서로 심하게 싫어했다.

어느 날 엄수가 사람을 시켜 조정에서 한외를 찔러 죽이도록 했다. 이에 놀란 한외가 도망치며 군주를 껴안자 결국 한외를 찌르고 겸하여 애후도 찔렀다.

전항은 제나라 재상이었는데, 그의 군주인 간공이 또 다른 신하인 감지를 두텁게 신임하고 있었다. 전항과 감지는 서로 미워하고, 서로 해치고 싶어 했다. 전항은 감지를 좋아하는 간공까지 미워했다.

 그리하여 백성들에게 사적으로 은혜를 베풀어 민심을 얻어 그 나라를 취하고, 마침내 간공을 죽이고 정권을 빼앗았다.

VI. 적의 목표는 나를 망하게 하는 것이다

폐치廢置

적들이 힘쓰는 것은 상대국 군주의 안목을 어지럽혀 사치풍조를 조장해 잘못을 저지르게 하는 데에 있다.

군주가 이를 알아채지 못하면 적들은 이쪽 신하들에게 손을 쓴다.

1.

 공자가 노나라에서 정사를 맡았을 땐 사람들이 길에 버려진 것도 줍지 않았다.
 제나라 경공이 이를 우려했다. 그러자 여저가 경공에게 말했다.
 "공자를 노나라에서 떠나도록 하는 것은 마치 입으로 털을 불어서 털어내는 것처럼 쉽습니다. 군주께선 어찌 후한 봉록과 높은 지위를 주어 그를 맞아들이고, 애공에게는 여악을 보내어 마음을 뺏지 않으십니까. 애공은 음악을 즐기면 반드시 정사에 태만해질 것입니다. 공자는 반드시 간언할 것이고, 간언하면 반드시 노나라에서 쉽게 끊어버릴 것입니다."
 경공이 "좋은 생각"이라고 말했다.
 그러고는 바로 여저를 시켜서 아름다운 여악사들을 뽑아 두 명씩 여덟 줄로 세워서 애공에게 보냈다. 애공은 즐거워하며 결국 정사에 태만해졌다.
 공자는 간언했지만 듣지 않자 결국 초나라로 떠났다.

2.

초왕이 진秦나라에서 자신의 영향력을 넓히기 위해 간상에게 말했다.

"내가 감무(초나라 출신의 진나라 정치인)를 도와 진나라 재상이 되도록 힘써주고 싶은데 어떻겠는가?"

간상이 반대했다. 이에 왕은 왜 그러냐고 물었다. 그러자 간상은 이렇게 대답했다.

"감무는 어렸을 때 사거 선생을 스승으로 모셨습니다. 이 사거라는 사람은 일찍이 상채의 문지기로 신분이 천했어도 크게는 군주를 무시하고, 작게는 집안일도 돌보지 않았습니다. 하지만 일을 엄격하고 까다롭게 하는 것으로 천하에 소문이 난 사람입니다. 감무는 그를 잘 섬겼고, 그 뜻을 따랐습니다. 혜왕 같은 명석함과 장의 같은 언변으로 일을 하니 감무는 관직을 열 개나 거치면서도 죄가 될 만한 일은 하지 않았습니다. 이런 감무가 현자가 아니고 무엇이겠습니까."

그러자 왕이 말했다.

"현자이면 안 되는 것인가?"

간상이 대답했다.

"전번에는 왕께서 소활을 월로 보내시어 5년 만에 월나라를 망하게 할 수 있었습니다. 그렇게 된 연유는 월나라는 어지럽고, 초나라는 정치가 안정되었기 때문입니다. 전에는 월에 그런 방법을 쓸 줄 알았으면서 이제 진에 대해서는 잊으셨습니까? 이렇게 빨리 잊으시면 안 되는 것 아닙니까?"

왕이 되물었다.

"그렇다면 어찌해야 한다는 말인가?"

"공립을 재상으로 천거하는 것은 어떻습니까?"

"공립을 재상으로 하는 게 좋다는 것은 왜 그런가?"

간상은 이렇게 대답했다.

"공립은 어려서는 총애받고, 자라서는 높은 경의 지위에 앉아 옥으로 장식한 옷을 입고, 향기로운 두약을 머금고, 옥환을 쥐고 조정에서 정사를 보고 있습니다. 그러니 그가 진나라를 어지럽히는 데에는 이롭지 않겠습니까?"

외저설 좌상편

기대하는 것과 실질은 다르다. 사람들의 말과
의도와 행동은 겉으로 분명하게 드러나지
않고, 자기 마음에 속는다.

인간의 본질을 꿰뚫어 보는 눈과 이를 다스릴
수 있는 기술을 가져야 세상을 경륜할 수 있다.

한비자의 스케치

1. 꾸민 것으로 실익을 거둘 수 없다

 군주가 말을 들을 때에는 그 변설이 아름다울 때 좋다고 생각하고, 행동은 고상한 것을 좋아한다.
 그래서 신하들이 백성들과 현실적 문제를 논할 때에도 에둘러서 폭넓게 말하고, 행동할 때의 몸가짐은 현실 세계와 동떨어진 듯하게 군다.
 그러나 실질을 취하려면 허상에서 벗어나 구체적인 실천 기술을 가져야 한다.

1.

  노나라 복자천(공자의 제자)이 단보읍을 다스리고 있을 때 공자 밑에서 동문수학한 유약(자유)이 그를 보고 말했다.
"그대는 어찌 이렇게 말랐는가?"
"군주께서 나의 불초함을 모르셔서 단보를 다스리라 하시니 관청의 일은 바쁘고 마음엔 근심이 많아 말랐네."
  이에 유약이 말했다.
"옛날 순임금은 오현의 거문고를 타면서 '남풍' 시를 노래하면서 천하를 다스렸네. 그런데 작은 단보읍을 다스리며 근심한다면, 장차 천하를 다스리라 하면 어찌할 것인가?"
  그러므로 근심하는 마음이 아니라 다스리는 기술을 가지고 정치를 하면 몸은 묘당의 상석에 앉아 소녀와 같은 얼굴색을 하고 있어도 정치에 아무 해가 없지만, 정치술 없이 정치를 하면 몸은 비록 고단하고 야위어도 오히려 보탬이 되지 않는다는 것이다.

2.

초나라 왕이 전구에게 말했다.
"묵자는 현학(세상에 이름난 학자)이다. 그 몸가짐은 바르지만, 그 말은 많고 설득되지 않는다. 왜 그런가?"
전구가 이렇게 대답했다.
옛날에 진秦나라 백작이 진晉나라 공자에게 딸을 시집보내면서, 화려하게 옷을 차려 입힌 시녀 칠십 명을 딸려 보냈습니다. 그러자 신랑인 공자는 시녀들을 좋아하고, 신부인 백작가 공녀는 전시했습니다. 이 경우, 첩들온 시집을 잘 보냈다고 할 수 있지만, 딸을 잘 시집보냈다고 할 수 없습니다.
또 초나라 사람이 정나라에 진주를 팔러 갔습니다. 그러면서 목란으로 상자를 만들어 계수나무와 산초 향을 스며들게 한 뒤, 구슬과 옥을 꿰어 달고, 붉은 돌로 장식하고, 비취색 물총새 깃털을 달았습니다. 정나라 사람은 그 상자만 사고, 진주는 돌려주었습니다. 이것은 상자를 잘 팔았다고 할 수는 있지만, 진주를 잘 팔았다고 할 수는 없습니다.
지금 세상의 담론은 모두 교묘하게 꾸민 말재주에

불과합니다. 군주들은 꾸민 쪽만 보고, 그 용처는 잊어버립니다. 묵자의 말은 선왕의 도를 전하고 성인의 말을 논하여 사람들에게 널리 알려졌습니다.

그 꾸며진 논변에 사람들이 그 모습만 마음에 품고, 그 바탕이 되는 진실을 잊을까 두렵습니다.

이는 꾸밈이 실용을 해친 것입니다. 이거야말로 초나라 사람이 진주를 팔러 간 것이나 진나라 백작이 딸을 시집보낸 경우와 같지 않습니까. 그러므로 말은 많이 해도 설득되지 않는 것입니다.

3.

묵자가 나무 솔개를 3년 걸려 완성해 날려보았다가 하루 만에 망가졌다. 제자는 "선생님의 기술이 나무 솔개를 날게 하는 데에까지 이르렀다"고 말했다.

그러자 묵자는 이렇게 말했다.

"그것이 수레 축을 만드는 기술만 하겠느냐. 수레의 축은 짧은 나무로 반나절도 걸리지 않고 만들 수 있지만, 삼십 석을 너끈히 끌고 멀리 가고 힘은 세고 오랫동안 견딘다. 지금 나는 나무 새 하나를 3년 걸려 만들어 한

번 날리고 망가뜨린 것이다."

혜자가 이를 듣고 말했다.

"묵자는 위대한 능력을 가졌구나. 수레 축이 더 이롭다는 것을 알고, 새를 만든 기술을 졸렬하다고 하니 말이다."

II. 말에 넘어가면 실질은 보이지 않는다

 화려하고 번지르르한 말은 사람들을 현혹한다. 그 말에 넘어가면 실질은 보이지 않는다. 말이 실질에 부합하는지 따져보지 않으면 속아 넘어가기 십상이다.

1.

　송나라 사람이 연왕에게 대추나무 가시 끝에 원숭이를 조각하겠다고 청했다. 왕은 반드시 3개월간 재계한 후 그것을 보아야 한다고 했다. 연왕은 세 수레 분의 양곡을 거두는 땅에서 난 양곡을 그에게 주기로 했다.
　왕실 직속 대장장이가 왕에게 말했다.
　"제가 듣기로 군주는 10일간 주연을 열지 않으면서 재계하지 못한다고 하였습니다. 지금 왕께서 오랜 시간 동안 재계할 수 없음을 알고, 3개월의 기간을 정한 것입니다. 무릇 조각하는 칼은 그 깎는 것보다 반드시 작아야 합니다. 지금 저는 대장장이지만 그렇게 작은 것을 깎는 칼을 만들지 못합니다. 이것은 실제 존재할 수 있는 물건이 아닙니다. 왕께서는 반드시 살피십시오."
　왕은 이 말을 듣고 물어보니 과연 속인 것이었다. 그래서 그 거짓말한 이를 죽였다.
　대장장이는 또 왕에게 말했다.
　"도량 없이는 계측할 수 없는 것인데, 말로 먹고사는 선비들은 이렇게 가시 끝에 조각할 수 있다고 합니다."

2.

 아열은 송나라 사람으로 변설에 능한 자였는데, '흰말은 말이 아니다'라는 논리로 제나라 직하학당의 논변자들을 설복시켰다. 그러나 그가 흰말을 타고 관문을 지날 때엔 말에 부과된 세금을 물었다.
 허사로 점철된 공허한 말이라도 능히 한 나라를 이길 수 있다. 하지만 실제 일을 조사하고 사실을 확인하면, 한 사람도 속일 수가 없다.

3.

 연왕에게 죽지 않는 법을 가르쳐 주겠다는 식객이 있었다. 왕이 사람을 보내 배워오게 했다.
 그러나 배우러 보낸 자가 미처 도착도 하기 전에 객이 죽었다. 왕은 크게 화를 내며 그를 벌했다.
 왕은 객이 속인 것을 알지 못하고, 배우러 간 자가 늦었다고 벌을 준 것이다. 도대체 있을 수 없는 일을 믿어놓고, 죄 없는 신하만 벌준 것이다.
 이야말로 제대로 통찰하지 못한 우환이다. 사람에게 가장 급한 것으로 자기 목숨만 한 것이 없다. 한데 자기 몸도 죽지 않도록 하지 못하면서 어떻게 왕을 장생토록 하겠다는 것인가.

4.

 서로 나이가 많다고 싸우는 정나라 사람들이 있었다. 한 사람이 말했다.
 "나는 요임금과 동갑이다."
 그러자 다른 사람이 말했다.
 "나는 황제의 형과 동갑이다."
 이걸로 소송까지 했는데 결론이 나지 않자 결국은 끝까지 우긴 자가 이겼다.

5.

주나라 군주를 위해 젓가락에 그림을 그린 식객이 있었는데, 이를 3년 걸려 완성했다. 군주가 그것을 보니 그저 옻칠한 젓가락과 같았다. 군주는 크게 화를 냈다.

그런데 그림을 그린 사람이 말했다.

"성곽에 쌓는 판축 열 장 높이의 담장을 쌓고 여덟 자로 구멍을 뚫어서 해가 뜨기 시작할 때, 그 위에 올려놓고 보십시오."

군주가 그대로 하고 그 모양을 바라보니 용· 뱀· 새· 짐승· 수레· 말 등이 다 들어 있었다. 군주는 크게 기뻐했다.

이 그림을 그린 공은 정교하고 어려운 일이 아닐 수 없으나 그 실용을 보면 보통 옻칠한 젓가락과 같다.

6.

제나라 왕을 위해 그림을 그리는 식객이 있었는데 제왕이 그에게 물었다.

"그림을 그릴 때 가장 어려운 것은 무엇인가?"

"개와 말이 가장 어렵습니다."

"가장 쉬운 것은?"

"귀신이 가장 쉽습니다. 개와 말이라고 하는 것은 사람들이 이미 알고 있고, 아침저녁으로 눈앞에 보이니 실물처럼 그림을 그릴 수 없어 어렵습니다. 하지만 귀신은 형태도 없고, 앞에서 보이는 것도 아니니 그것이 쉽다는 것입니다."

7.

조나라에서 재상까지 지낸 유세객 우경이 집을 지으며 장인에게 "지붕이 너무 높다"고 지적했다.

그러자 목수가 말했다.

"이건 새집입니다. 흙은 젖고, 서까래는 생나무입니다. 대체로 젖은 흙은 무겁고, 생나무 서까래는 굽습니다. 굽은 서까래가 무거운 흙을 떠받치니 낮아질 것입니다."

그러나 우경이 말했다.

"아니다. 시간이 지나면 흙은 마르고, 서까래도 마른다. 마른 흙은 가벼워지고, 건조한 서까래는 곧게 펴진다. 곧은 서까래로 가벼운 흙을 바치니 더욱 높아질 것이다."
 장인은 할 말을 잃고 그 말에 따르자 이내 집이 무너졌다.

8.

 진나라 승상을 지냈던 범저가 말했다.
 "활이 부러지는 것은 반드시 그 마지막에 가서이지 처음에는 아니다. 대체로 활을 만드는 공인들은 활을 휠 때 삼십 일 동안 틀에 넣어두었다가 줄을 걸 때에는 마구 밟은 뒤 하루 만에 시험 삼아 쏘아본다. 이것은 그 처음엔 신중하고, 마지막엔 거칠게 하는 것이다. 그러니 어찌 부러지지 않겠는가? 그러나 나는 그렇게 하지 않는다. 틀에는 하루만 넣어두고 시위를 밟은 지 삼십 일이 되어서야 시범적으로 쏘아본다. 이는 처음에는 거칠어도 끝에 가서 신중하게 하는 것이다."
 활 만드는 공인은 말이 궁해져서 그대로 하였더니 활이 부러졌다.

9.

　대체로 아이들이 서로 장난칠 때는 흙을 밥이라고 하고, 진흙을 국이라 하고 나무를 고기라 한다. 그렇지만 저녁이 되면 반드시 집으로 돌아가서 밥을 먹는다. 이는 흙밥과 진흙 국은 먹을 수 없는 음식이기 때문이다.
　무릇 상고시대부터 전해오는 통치술을 읊는 것은 말일 뿐이며, 성실한 것이 아니다. 선왕의 인의를 따라도 나라를 바로 세울 수 없는 것은, 이 또한 말 잔치는 될 수 있어도 통치는 할 수 없기 때문이다.
　인의를 사모해 나라가 약해지고 어지러워진 것은 삼진(한·위·조)이다. 사모하지 않아서 강하게 다스리는 곳은 진泰나라다.
　물론 진나라가 강해졌지만, 제왕이 되지 못한 것은 아직 법술이 갖춰지지 않아서다.

III. 사람은 자기 생각대로 산다

남을 위한다는 생각을 마음에 품으면 책망하게 되지만 자신을 위한다고 생각하면 일이 잘된다.
그러므로 부자 사이에도 서로 원망하고 혹은 꾸짖지만, 사람을 사서 농사를 지으면 맛있는 국을 끓여 내놓는다.

1.

　어린아이일 때 부모의 양육이 소홀하면 자라서 부모를 원망한다. 자식이 성인이 되어 부모 공양을 야박하게 하면 부모는 노여워하고 꾸짖는다. 아들과 아버지는 아주 친한 사이지만 꾸짖거나 원망한다.
　사람은 모두 자기를 위해주기 바라지만 상대가 충분히 자기를 위한다는 생각이 들지 않아서다.
　대체로 일꾼을 사서 농사를 지을 때는 주인이 자기 돈을 써서 맛있는 음식을 마련하고, 품삯을 주면서 잘해달라고 요청하는데, 이는 일꾼을 사랑해서가 아니다. 이렇게 해야 밭을 갈 때 깊이 갈고, 그렇게 해야 농사를 지을 수 있어서다. 일꾼이 있는 힘껏 김매고 농사짓고 재주를 다해 밭을 정리하는 것은 주인을 사랑해서가 아니다. 이렇게 해야 맛있는 국을 먹을 수 있고, 품삯을 벌 수 있기 때문이다.
　이처럼 공력을 쓰는 것은 부자간의 은덕과 마찬가지다. 그러면서도 하는 일에 마음을 쓰는 것은 모두 자신을 위한다는 생각이 있기 때문이다.
　그러므로 사람이 일하거나 베풀 때는 남을 위하는 게

나를 이롭게 한다는 마음이 있어야 한다. 그러면 월나라 사람과도 쉽게 친해진다. 하지만 남을 위하는 게 손해라는 마음이 들면 부자 사이도 멀어지고 원망하게 된다.

2.

진나라 문공이 송나라를 치기에 앞서 이렇게 선언했다.
"내가 듣기로 송나라 군주가 무도하여 장로들을 경멸하고, 재물 분배가 적당하지 않으며, 명령이 믿음을 잃었다고 한다. 그리하여 나는 백성을 위하여 송의 군주를 벌하러 온 것이다."

3.

월나라가 오나라를 치기에 앞서 이렇게 선언했다.
"나는 오왕이 여황대를 짓고, 깊은 연못을 파며 백성을 괴롭히고 재화를 탕진해 백성들의 힘이 고갈되었다고 들었다. 내가 백성을 위하여 벌주러 왔다."

4.

　채나라 공주가 제환공의 처였는데, 환공이 그녀와 함께 배를 탔을 때 부인이 배를 흔들었다. 환공은 무서워하며 하지 말라고 했지만 그치지 않았다.
　그 일에 화가 나서 그는 아내를 내쫓았다. 얼마 후 다시 불렀으나 이미 개가한 후였다.
　환공은 크게 노하여 채나라를 치려고 했다. 관중이 간하며 말했다.
　"부부간 일로 다른 나라를 친다는 것은 명분이 부족하고, 큰 성과를 거둘 수도 없습니다. 이 일로 그런 일을 하지 마십시오."
　그러나 환공은 듣지 않았다. 그러자 관중이 이렇게 말했다.
　"도저히 그만둘 수 없겠거든 초나라가 청모를 천자께 조공하지 않은 지 3년 되었으니, 군주께서는 천자를 위하여 초나라를 친다는 이유를 들어 군사를 일으키는 것이 어떻겠습니다. 초나라가 항복하면 이 군사를 채나라로 돌려 공격하십시오. 그러면서 '나는 천자를 위해 초나라를 치는데 채나라는 군사를 이끌고 따르지 않았으니 멸하지 않을 수 없다'고 하십시오. 이것이 명분으로 볼 때 의롭고, 실제로 볼 때 이익이 됩니다. 그러므로 반드시 천자를 위해 벌준다는 명분을 세우고 나서 실제로는 원수도 갚을 수 있습니다."

5.

오기가 위나라 장수로 중산을 쳤을 때 종기를 앓는 병사가 있었다. 오기는 꿇어앉아서 직접 고름을 빨아주었다. 환자의 어머니가 그 자리에서 울었다. 어떤 사람이 이렇게 물었다.

"장군이 그대의 아들을 이렇게 대해 주시는데 우는 까닭이 무엇입니까?"

그러자 어머니는 말했다.

"오기가 그 아이 아버지의 등창을 빨아주어서 아버지는 죽었소. 지금 내 아들도 또 앞으로 죽게 될 것이니 내가 이리 우는 것입니다."

6.

 진나라 소왕이 공인에게 화산에 올라가 송백나무의 심으로 바둑판을 만들라고 했다. 판의 길이는 팔척, 바둑알의 길이는 팔촌으로 한 뒤 이렇게 새겼다.
 "소왕이 여기에서 천신과 함께 바둑을 두었다."

7.

 진문공이 오랜 망명 생활을 끝내고 나라로 돌아오며 황하에 이르러 영을 내렸는데, 나무 그릇과 바닥에 깔던 거적을 버리고, 손발에 굳은살이 박이고 얼굴이 검은 사람은 뒤에 세우라는 것이었다. 그러다 문공이 구범을 보며 말했다.
 "내가 망명을 한 지 20년, 이제 막 돌아왔는데 구범이는 기뻐하지 않고 우는 것이냐. 내가 나라로 돌아오는 것을 바라지 않은 것이냐?"

구범이 말했다.

"저는 나무 그릇에 밥을 먹고, 거적을 깔고 잤습니다. 그런데 군주는 버리라고 하십니다. 손발에 굳은살이 박히고 얼굴이 검게 된 자는 함께 고생하고 공을 세운 사람들입니다. 그런데 군주께선 뒤에 세우라 하십니다. 이제 저도 뒤에 서게 되니 그 슬픔을 이길 수 없습니다. 그래서 우는 것입니다. 또 제가 군주의 환국을 위해 속임수도 많이 썼습니다. 저 스스로도 그런 일을 미워했는데, 하물며 군주께서야 어떠셨겠습니까?"

이렇게 말하곤 물러나려 하자 문공이 말리며 말했다.

"속담에 이런 말이 있지 않은가. 사당을 지을 때는 옷매무시를 신경 쓰지 않지만, 제사 지낼 때는 단정하게 입어야 한다. 지금 그대는 나와 함께 성취하였으면서 나와 함께 다스리려 하지 않는가. 이는 나와 함께 사당을 짓고 제사는 함께 하지 않겠다는 말이지 않은가. 이게 옳은 말인가?"

8.

정현 사람 복자가 아내에게 바지를 만들라고 했다. 처가 물었다.
"이번 바지는 어떻게 만들까요?"
"내가 입던 낡은 바지처럼 하시오."
   그러자 아내는 새 옷감을 훼손해서 낡은 바지처럼 만들었다.

9.

   한 정현 사람이 수레의 멍에를 주웠다. 하지만 그 이름을 몰라서 사람에게 "이게 어떤 물건이냐"고 물었더니 "수레의 멍에"라고 알려주었다. 또 한 개를 주워 "이건 무슨 물건이냐"고 물었다. 그는 이것도 멍에라고 대답했다. 그러자 물어본 사람이 크게 화를 내며 말했다.
   "전에도 수레 멍에라 하더니 이번에도 또 수레 멍에라 하느냐. 그게 어찌 이렇게 많은가. 이건 네가 나를 속이는 것이다."
   그리하여 마침내 그와 싸움이 벌어졌다.

10.

 연나라 재상에게 편지를 써서 보낸 사람이 있었는데, 밤에 쓰다 보니 불이 밝지 않아서 시종에게 등촉을 올리라(거촉)고 했다. 그리고 편지에 '거촉'이라고 잘못 썼다.
 그런데 연나라 재상은 이 편지를 받고 기뻐하며 말했다.
 "등촉을 올리라는 것은 불빛을 밝히라는 뜻이고, 불빛을 밝힌다는 것은 현명한 사람들을 뽑아 임용하라는 것이다."
 연나라 재상이 왕에게 말하자 왕은 크게 기뻐하였고, 나라를 잘 통치했다. 잘 통치하긴 했지만, 편지의 본뜻은 아니었다.
 지금 세상의 학자들 중엔 이 비슷한 부류들이 참으로 많다.

11.

정나라 사람이 신발을 사려고 먼저 발 치수를 재서 자리에 놓아두었는데, 시장에 갈 때는 놔두고 갔다.

신발을 다 보고 나서야 치수 잰 것을 놔두고 온 게 생각나 집에 가서 그것을 가지고 다시 왔지만, 시장이 문을 닫아서 끝내 신을 살 수 없었다. 어떤 사람이 물었다.

"왜 발에 직접 신어보지 않았소?"

그러자 그는 이렇게 대답했다.

"치수는 믿을 수 있지만 내 발은 믿을 수 없소."

IV. 이익 있는 곳에 사람이 모인다

이익이 있는 곳에 백성이 돌아오고, 명성이 드러나는 곳에서 선비가 죽는다.

성과가 법에서 벗어난 것인데도 상을 주면 군주는 아랫사람을 통해 이익을 얻을 수 없고, 법에서 벗어났는데 명예를 얻게 된다면 선비들은 명성을 좇을 뿐 군주 옆에 머물러 나랏일을 하려고 하지 않는다.

1.

 임등이 중모의 수령이 되었을 때 군주인 조양자에게 진언했다.
 "중모에 중장과 서기라는 두 선비가 있는데 몸가짐이 단정하고 학문도 대단히 해박합니다. 군주께서 그들을 뽑아 쓰는 것이 어떻겠습니까?"
 군주가 말했다.
 "그대가 그들을 만나보라. 내가 장차 중대부로 쓰겠다."
 그러자 재상이 이렇게 간하였다.
 "중대부는 진나라의 중요한 자리입니다. 지금 공로도 없이 그 자리를 받게 되는 것은 진나라가 신하를 뽑는 의도에 맞지 않습니다. 군주께서는 말만 듣고 아직 직접 보지도 않고 그리 하십니까."
 그러자 군주가 말했다.
 "내가 임등을 얻을 때 이미 귀로 듣고 눈으로 확인하였다. 그런 임등이 발탁했는데, 또 듣고 보고하여 확인하라는 말인가. 그럼 나는 일을 쉴 수가 없다."
 임등이 하루 만에 두 선비를 만나 중대부로 삼고, 밭과 집을 주었다. 그러자 중모 사람들은 농사짓는 일을 버리고, 집과 밭을 팔아서 학문을 하는 자가 읍에 절반이 되어 농사짓는 사람이 드물게 되었다.

진晉나라 평공이 사부인 숙향을 모시고 앉아 국사에 대한 진언을 들었다. 평공은 종아리가 아프고 발이 저리고 근육에 경련이 일어나는데도 앉은 자세를 흐트러뜨리지 않았다. 사람들이 이 말을 듣고 말했다.
"숙향은 현자다. 평공이 예로서 그를 대하는 것이 근육에 경련이 일어나도 앉은 자세를 흩트리지 않을 정도라니 말이다."
그리고 진나라에서 벼슬을 그만두고, 숙향을 사모하여 몰려든 자들이 나라의 절반이 되었다.

2.

조나라 주보(상왕)가 이자를 시켜 중산을 칠 만한지 살피게 했다. 그가 돌아와 보고했다.
"중산을 정벌하는 것이 가능합니다. 군주께서 정벌을

서두르지 않으면, 제나라나 연나라에 뒤질 것입니다."
"어째서 공격하라고 하는가?"
"그 군주가 동굴이나 산속에 은둔하는 선비들을 좋아해 수레 덮개가 기울어질 정도로 사람들과 얘기하는 것을 즐기고, 궁핍한 동네와 더러운 거리에 사는 선비를 만난 것이 수십 번이며, 포의(벼슬 없는)의 선비들에게 대등한 예우로 몸을 낮춘 것이 수백 번입니다."
"그대의 말에 따르면 그는 현군이 아닌가. 어째서 공격해야 한다고 하는가?"
"그렇지 않습니다. 도대체 은둔하는 선비를 높이면서 그들을 조정에 부른다면, 전사들은 군생활에 태만하지 않겠습니까.
 위로는 학자를 존중하고, 아래로는 거사(벼슬하지 않는 선비)들을 조정에 세우면, 농부들은 농사를 게을리하게 되고, 전사들은 군대 일에 태만하고, 거사가 되는 일이나 꿈꿀 테니 군대가 약해질 것입니다. 농부가 밭일을 게을리하면 나라는 가난해집니다. 군대는 약하고, 나라는 안으로 가난하면서 망하지 않은 나라는 아직 없었습니다. 그러니 지금 중산을 치는 것이 옳지 않겠습니까?"
 이에 주보가 병사를 일으켜 치니 마침내 중산은 멸망했다.

V. 사람들은 선망하는 것을 맹목적으로 따른다

사람들은 자신이 따르는 군주나 선망하는 사람이 하면 그대로 따라서 하려고 한다. 이 때문에 자원의 부족이 생기고, 소외가 생기게 된다.

1.

　제환공이 자주색 옷을 좋아했다. 그러자 온 나라가 자주색 옷 천지였다. 이때 흰 비단 다섯 필을 주고도 자주색 한 필을 얻을 수 없었다. 환공이 이를 근심해 관중에게 말했다.
　"내가 자주색 옷을 좋아하여 자주색이 심히 비싸다는데 온 나라 백성들이 자주색 옷을 좋아해 그치지 않으니 내가 어찌해야 하겠소?"
　관중이 말했다.
　"군주께서 그 일을 그치고 싶다면, 자주색 옷을 입지 못하도록 시험하는 게 어떠십니까? 좌우에 일러 이렇게 말하십시오. '나는 자주색 옷에서 나는 냄새가 싫다'고 말입니다."
　환공이 이를 수락하고 좌우 측근 중 자주색 옷을 입고 오는 자가 있으면, 반드시 이렇게 말했다.
　"조금 물러가라. 나는 자주색에서 나는 냄새가 싫다."
　그날로 궁 안에 자주색 옷을 입은 자가 없게 되었고, 다음날 도성 안에 자주색 옷을 입은 자가 없게 되고, 삼일이 지나자 국경 안에서 자주색 옷을 입은 자가 없었다.

다른 설도 있다.

제나라 왕이 자주색 옷을 좋아해 제나라 사람이 모두 좋아하게 되었다. 제나라에서는 흰 비단 다섯 필로 자주색 한 필을 얻을 수 없었다. 제왕이 자주색 값이 치솟는 것을 걱정했다. 시중들던 이가 왕에게 말했다.

"시詩에 이르기를 '군주가 친히 하지 않으면 서민은 믿지 않는다'고 했습니다. 지금 왕께서는 백성들이 자주색 옷을 입지 않기를 바라시니 왕께서 자주색 옷을 벗고 조정에 나가십시오. 신하들 중에 자주색 옷을 입고 온 사람이 있으면 이렇게 말하십시오. '더 멀리 가 있으라. 나는 냄새가 싫다'고 말입니다."

그날로 궁중에 자주색 옷을 입은 자가 없었고, 그달에는 도성 안에 자주색 옷을 입은 자가 없게 됐으며, 그 해에 국경 안에서는 자주색 옷을 입은 사람이 없게 되었다.

2.

송나라 양공이 초나라와 탁곡에서 전투를 벌였다.

송나라는 이미 전열을 갖췄지만, 초나라는 아직 물을 다 건너지 못했다.

우사마 구강이 간언했다.

"초나라 군사는 많고 송나라는 적습니다. 청컨대 초군이 반만 건너오고 전열이 정비되지 않았을 때 습격하면 반드시 저들이 패할 것입니다."

이에 양공이 말했다.

"내가 듣기로 군자는 다친 사람을 다시 다치게 하지 않으며, 나이 든 사람을 포로로 잡지 않고, 사람을 험한 곳으로 몰아붙이지 않고, 궁지로 몰지 않으며, 전열을 갖추지 못한 군대를 공격하지 않는다고 하였다. 지금 초군이 아직 물을 건너지 못했는데 공격한다면, 이는 의義를 해치는 것이다. 초나라가 다 건너와서 진을 완성한 후 북을 울려 군사를 진격시키겠다."

그러자 우사마는 다시 말했다.

"군주께서는 송나라 백성은 사랑하지 않고, 병사의 안전은 꾀하지 않으면서 의만 지키려 하십니까."

이에 양공은 "전열로 돌아가지 않으면 군법을 시행하겠다"고 하자 우사마는 다시 전열로 되돌아왔다.

초나라 군사가 열을 완성하고 진지를 구축했다. 양공은 이내 북을 울렸다. 그러나 송군은 대패하고 양공도

허벅다리를 부상당해 사흘 후에 죽었다.

이는 스스로 인의를 사모해 화를 입은 것이다. 대체로 반드시 군주 자신이 직접 행한 다음에 백성들이 듣고 따를 것이라고 한다면, 이는 곧 사람들에게 명령하려면 장차 군주가 농사를 지어 먹고 전투에 나란히 나가야만 백성들이 이를 따라 농사짓고 싸운다는 것이다. 그러면 군주는 너무 위험하지 않은가. 반면 신하는 너무 편안하지 않은가.

3.

제나라 경공이 소해를 유람하는데 도성에서 파발이 달려와 보고했다.

"안영이 병이 심해 위독합니다. 공께서 늦으실까 걱정입니다."

경공이 황급히 일어나는데 파발이 또 도착했다. 경공이 말했다.

"빠른 말인 번저에 수레를 달고, 마부는 한추로 삼아 가도록 해라."

수백 보를 가다가 마부가 빨리 말을 부리지 못한다고 여겨 고삐를 잡고 대신 부렸다. 또 수백 보를 가다가 말이 빨리 가지 않는다고 여겨 수레를 버리고 달리기 시작했다.

번저와 같은 빠른 말과 한추 같은 유능한 마부를 두고 자신이 내려서 달려가는 것보다 못하다고 여긴 것이다.

4.

위나라 소왕이 관리의 일에 관여하고 싶어서 맹상군에게 말했다.

"내가 관리의 일에 관여하겠소."

"왕께서 관리의 일에 관여하고 싶다면서 왜 법전을 숙독하지 않으십니까?"

소왕은 법전 십여 쪽을 읽다가 졸려서 누워 잤다.

그러고는 왕이 말했다.

"나는 이 법전을 읽을 수가 없다."

자기가 친히 해야 할, 힘을 보이고 권병을 행사하는 일은 안 하면서 신하들이 마땅히 해야 할 일을 하고 싶다니 졸린 게 당연하지 않겠나.
 공자가 말했다.
 "군주 된 자는 사발과 같고 백성은 물과 같다. 사발이 모나면 물도 모나고, 사발이 둥글면 물도 둥글다."

5.

 추나라 군주가 긴 갓끈을 좋아했다. 측근들도 모두 긴 갓끈을 매니 갓끈값이 대단히 비싸졌다.
 추군이 이를 걱정하여 측근에게 물으니 그가 대답했다.
 "군주께서 좋아하시니 백성들 역시 많은 자들이 똑같이 하여 값이 비싸졌습니다."
 군주는 이 말에 따라 먼저 자기 갓끈을 자르고 밖에 나갔더니 나라 안에선 모두 긴 갓끈을 매지 않게 되었다.
 군주라 하여 백성들이 입는 것까지 금지하도록 명령을 내릴 수는 없으니, 갓끈을 자르고 나와서 백성들에게 보인 것이다. 이것이 먼저 욕을 봄으로써 백성들 위에 서는 것이다.

VI. 작은 믿음이 쌓여야 큰 믿음이 생긴다

사람이 스스로 믿음을 차곡차곡 쌓아야 신뢰를 얻을 수 있고, 신뢰를 얻어야 큰일을 이룰 수 있다.

1.

 진문공이 원原지역을 쳤다. 열흘분의 식량을 싸고, 대부들과 기한을 열흘로 정했다. 원에 도착하여 열흘이 지났지만, 원이 떨어지지 않았다.
 그러자 종을 쳐서 퇴각을 알리고, 병사들과 돌아가려고 했다. 이때 원 땅에 있다가 나온 병사가 말했다.
 "원은 사흘 안에 항복할 것입니다."
 좌우의 신하들도 간하였다.
 "원은 식량이 떨어지고 힘도 다했습니다. 군주께서는 잠시 기다리십시오."
 그러나 문공은 이렇게 말했다.
 "나는 병사들과 열흘의 기한을 정했다. 가지 않으면 나는 신의를 잃게 된다. 원을 얻고 신의를 잃는 일을 나는 하지 않겠다."
 뒤이어 병사들을 파하고 돌아갔다. 원 사람들이 이를 듣고 말했다.
 "군주가 신의가 있으니 어찌 귀순하지 않겠는가."
 그러고는 이내 문공에게 항복했다.
 위衛나라 사람도 이 말을 듣고 "군주가 저처럼 신의가

있다면 어찌 따르지 않겠는가"하며 이내 문공에게 항복했다.

공자는 이를 듣고 이렇게 말했다.

"원을 공격하여 위를 얻었으니 모두 신의를 지켰기 때문이다."

2.

오기기 나갔다가 우연히 옛 친구를 만나 시사나 하자며 불러 세웠다. 옛 친구는 수락하면서 "금세 돌아와서 하자"고 했다. 오기는 집으로 돌아와 "친구를 기다려 함께 밥을 먹겠다"고 했다.

그러나 친구는 날이 저물 때까지 오지 않았고, 오기는 밥을 먹지 않고 그를 기다렸다.

이튿날 아침, 그는 사람을 시켜서 옛 친구를 찾아오도록 했다. 친구가 와서야 비로소 밥을 먹었다.

3.

증자의 아내가 시장에 가는데 아들이 따라가겠다며 울었다. 어머니가 말했다.

"집에 있거라. 내가 집에 돌아오면 돼지를 잡아주겠다."

아내가 시장에 다녀오자 증자가 돼지를 붙잡아 잡으려고 했다. 아내가 말리면서 말했다.

"어린아이에게 장난삼아 말한 것입니다."

그러자 증자는 이렇게 말했다.

"어린아이에게 장난삼아 말하면 안 되오. 아이는 아는 것이 없고, 부모에게 기대어 배우고 부모의 가르침을 듣는 것이오. 지금 아이를 속이면 이것은 자식에게 속이는 것을 가르치는 것이오. 어머니가 자식을 속이면 자식은 그 어머니를 불신하게 되고, 교육이 이루어질 수 없소."

그리고 마침내 돼지를 잡아 삶았다.

4.

초나라 여왕이 경계를 위해 북을 쳐서 백성과 함께 적의 침략에 대비하기로 했다. 그런데 술을 마시고 취하여 실수로 북을 쳤다.

 백성들이 크게 놀라 달려오니 사람을 시켜 "내가 취하여 측근들과 장난하다가 잘못 북을 쳤다"는 말을 전하도록 해서 달려온 백성들을 모두 파하게 했다.

 몇 개월 후 경계 상황이 생겨서 북을 쳤으나 백성들은 달려오지 않았다. 이에 거듭 영을 내리고 호령을 명백히 전한 다음에야 백성들이 이를 믿었다.

5.

 이회가 군문의 좌우를 지키는 병사들에게 경계하여 말했다.

 "부지런히 경계하라. 적들이 조만간 너희를 칠 것이다."

 이런 말을 두세 차례 했지만 적은 오지 않았다. 좌우 군문의 병사들은 해이해지고 태만해졌으며, 이회를 불신했다.

 수개월이 지나고 진秦나라 사람들이 습격하자 그 군대는 거의 전멸했다.

일설에 따르면 이회는 진나라와 전투를 하며 좌측 군문 병사에게 말하기를 "속히 (성벽 위로) 올라가라. 우측 군문 병사들은 이미 올라가 있다"고 했다.

또 달려가서 우측 군문 병사에게 말하기를 "좌측 군문 병사들은 이미 올라가 있다"고 했다.

이에 좌우 군문의 병사들은 "올라가자"며 모두 다투어 올라갔다. 그러나 이듬해에 진군이 습격해 왔을 때, 그 군대는 거의 전멸하기에 이르렀다.

이야말로 불신이 가져온 우환이다.

외저설 좌하편

잘하는 정치란 어떤 것인가. 이 편에서는 한비자 통치학의 주요 축인 술과 세와 관련한 많은 사례를 모아놓았다.

한비자를 떠받치는 세 개의 축은 법·술·세인데 법은 규율과 규칙, 술은 내면적 통치술로 표면엔 드러나지 않고, 세는 높은 지위와 권세처럼 드러나는 힘이다.

I. 상과 벌은 합당해야 한다

  죄를 지었을 때는 그 죄의 크기만큼 벌을 주어야 하고, 신하에게 공이 있으면 공의 크기만큼 보상해야 원망이 생기지 않는다.
  공이든 과든 그에 합당하게 일을 처리하는 것이 정치술의 기초이다.
  여기서는 주로 술術에 관해 다룬다.

1.

 공자가 위衛나라 재상일 때에 제자 자고가 옥리로 있었는데, 한 죄인의 발을 자르는 월형을 집행했고, 그 죄인이 나중에 문을 지켰다.
 공자를 미워하는 사람이 위나라 군주에게 "공자가 반란을 꾸미고 있다"고 했다. 위나라 군주는 공자를 잡아들이려고 했다. 공자는 달아나고 제자들도 모두 도피했다.
 자고가 마지막으로 성문을 나가려는데 발 잘린 자가 그를 이끌어 문 아래쪽 방으로 도피시켜서, 관리들이 추적해왔지만 잡지 못했다.
 밤중에 자고가 발 잘린 자에게 물었다.
 "나는 군주의 법령을 어지럽힐 수 없어 친히 그대의 발을 잘랐소. 이제 그대가 원수를 갚을 수 있는 때인데, 그대는 어찌하여 나를 도망치도록 하는 것이오? 내가 무엇 때문에 그대에게 이런 도움을 받는 것이오?"
 발잘린 자가 말했다.
 "제 발이 잘린 것은 저의 죄에 합당한 것으로 어쩔 수 없는 것이었습니다. 재판소에서 저를 재판할 때 공은 법령을 이리저리 살펴보고, 앞뒤로 제 말을 거들어주며, 제 죄를 면해주려고 애쓴 것을 저는 알고 있습니다. 이내 판결이 나고 죄가 정해졌지만, 공께서는 애처로워하고 편치 않았습니다. 그것이 얼굴색에 나타났습니다. 이 또한 제가 보아서 압니다. 그것은 저에 대한 사적인 것이 아니라 본래 천성이 어질어서 그런 것입니다. 이것이 제가 공에게 덕을 갚으려는 이유입니다."

공자는 이렇게 말했다.

"선한 관리는 덕을 심고, 무능한 관리는 원한을 심는다. 되나 말로 곡식을 잴 때 곡식을 밀어 평평하게 하는 밀대처럼, 관리는 법을 평등하게 적용해야 하는 사람이다. 나랏일을 하는 자는 공평함을 잃어서는 안 된다."

2.

위나라 문후의 스승이 되는 전자방이 제나라에서 위나라로 갈 때 고관대작이 타는 헌을 타고 기병을 거느리고 나오는 행렬을 멀리서 지켜보았다.

그 모습에 처음엔 문후가 행차하는 걸로 생각했다. 그래서 자기 수레를 옆길로 옮기고 피해 섰다가 보니 적황이었다. 전자방이 물었다.

"그대가 어찌하여 이런 수레를 타시오?"

"군주가 중산을 치려고 계획할 때 제가 척각을 천거해 그 계획을 이루었고, 실제로 칠 때는 제가 악양을 천거해 중산을 함락시켰으며, 중산을 얻은 후 다스릴 일을 걱정할 때 이극을 추천하여 중산이 안정되었습니다. 이 때문에 군주가 이 수레를 주셨습니다.

그러자 전자방이 말했다.

"이룬 공에 비해 은총이 박하구려."

3.

진나라와 한나라가 위나라를 공격했을 때, 소묘가 서쪽으로 가서 진과 한나라를 설득해 그만두게 하였다. 제나라와 초나라가 위나라를 공격하려고 할 때, 소묘는 동쪽으로 가서 제와 초를 달래 그만두게 했다.

이에 위나라 양왕은 그에게 수확할 수 있는 곡식의 양이 수레 다섯 대 정도밖에 안 되는 작은 영지를 내려주었다.

소묘가 말했다.

"백이가 장군의 예로써 수양산 아래에 장사지냈을 때 천하의 사람들이 이렇게 말했습니다. 도대체 백이 같은 현명함과 인덕이 있는 사람을 장군의 예로 장사지내니 이는 수족도 가리지 못하는 야박한 장례가 아닌가. 지금 저는 네 나라의 병사들을 흩어놨는데 왕께서는 제게 이렇게 작은 영지를 주셨습니다. 이는 저의 공적과 견주면 크게 이익을 내고도 짚신을 신는 것처럼 초라한 일입니다."

11. 믿음을 믿어서는 안 될 때

 정치에서 술과 세는 믿을 수 있지만 단지 믿는다는 이유로 사람을 쓰거나 일을 진행해선 안 된다. 정치에선 믿는 사람만큼 믿을 수 없는 게 없을 때가 많다.

1.

제환공이 관중을 세우기 위해 신하들에게 영을 내렸다.
"내가 관중을 올리고, 중부(작은아버지)로 삼으려고 한다. 찬성하면 문으로 들어와 왼쪽에 서고, 찬성하지 않으면 오른쪽에 서라."
그런데 동곽아는 문 가운데에 섰다. 환공이 물었다.
"지금 그대는 어찌하여 가운데에 서 있는가?"
그러자 동곽아가 물었다.
"관중의 지모가 능히 천하를 도모할 만합니까?"
"그렇다."
"결단력은 감히 대사를 실행할 수 있습니까?"
"그렇다."
"군주께서 그가 천하를 도모할 만한 능력이 있고, 감히 대사를 실행할 결단력이 있는 것을 아시면서 나라의 권력을 그에게 다 맡긴다면, 그의 능력으로 군주의 권세에 올라타 제나라를 통치하는 것인데, 이건 군주에게 위험하지 않습니까?"
이에 환공은 이내 영을 내려 습붕에게 내치를 맡기고, 관중에게 외치를 맡겨 견제하게 했다.

2.

 진문공 망명 시절에 기정은 음식 항아리를 들고 따랐다. 그러다 길을 잃어 문공과 서로 헤어졌다. 그는 배가 고파 길에서 울면서도 그 음식은 감히 먹지 않았다.
 문공이 환국한 후 병사를 일으켜 원나라를 함락시켰다. 문공은 "배고픈 고통도 어렵지 않게 참아내고 음식 항아리를 온전히 지켰는데, 장차 원나라로 나를 배반하겠는가"라면서 그를 원나라 수령으로 삼았다.
 대부 혼헌이 이를 듣고 잘못한 일이라며 말했다.
 "음식 항아리에 흔들리지 않았다는, 그 이유로 그에게 원나라를 맡겨도 배반하지 않을 것이라고 믿는 것은 술術이 없는 것 아닙니까?"
 명군은 나를 배반하지 않을 것이라고 믿는 것이 아니라 내가 배반당하지 않도록 해야 하며, 나를 속이지 않을 것이라는 믿음에 의지하는 게 아니라 나를 속이지 못하도록 해야 한다.

3.

　양호라는 사람에 대해 말하자면, 이 한마디로 설명할 수 있겠다.
　'군주가 현명하면 마음을 다해 섬기고, 불초하면 간악한 일을 꾸며 시험한다.'
　그가 노나라에서 쫓겨나고, 제나라에서 의심을 받아 조나라로 도망갔다. 조나라 간주가 그를 맞아 재상으로 삼고 싶어 하자 측근들이 말했다.
　"양호는 남의 나라 국정을 잘 훔치는 자인데 어찌하여 그를 재상으로 삼으려 하십니까?"
　그러자 간공이 말했다.
　"양호는 훔치려 들고, 나는 지키려고 한다."
　그러고는 마침내 법술로써 그를 제어했다. 양호는 감히 나쁜 짓을 못 하고, 간주를 잘 보필했다. 군주는 강하게 일어났고, 패자에 버금가는 당대의 실력자가 되었다.

III. 함께 도모할 사람을 만들어라

　누구와 함께 일하는가는 매우 중요하다. 일을 성사시킬 능력이 있는 좋은 사람과 함께 하려면 항상 예의를 지키고, 상대를 공경해야 한다.

1.

　문왕이 숭을 칠 때 봉황 언덕에 이르러보니 신발 끈이 풀려서 스스로 맸다. 태공망(강태공 여상)이 "왜 스스로 매느냐"고 물었다. 그러자 문왕은 이렇게 말했다.
　"상급 군주와 함께하는 사람은 모두 스승이고, 중급 군주 옆은 모두 친구이며, 하급 군주 주변엔 모두 부리는 자만 있다고 합니다. 지금 여기 계신 분들은 모두 선왕의 신하들인데 내가 어찌 이런 일을 시킬 수 있겠습니까."

　또 다른 설도 있다.
　진문공이 초나라와 싸울 때 봉황 언덕에 이르러보니 신발 끈이 풀려 스스로 맸다. 측근들이 "왜 사람을 시키지 않느냐"고 물었더니 문공이 이렇게 대답했다.
　"내가 들으니 상급 군주와 함께 자리하는 사람은 모두 경외할만한 사람들이고, 중급 군주의 옆에 있는 사람은 모두 친애하는 사람들이며, 하급 군주와 함께 하는 사람들은 모두 천박한 자라고 했다. 나는 불초하고, 여기 계신 분들은 선군의 신하들이니 이런 일은 시키기 어렵다."

2.

　계손은 재주 많은 선비들을 거느리는 것을 좋아해 종일 근엄한 얼굴을 하고, 거처와 의복도 항상 조정에 있을 때 하던 것과 똑같이 했다.
　그런데 가끔씩 해이해져 상대에게 실수를 저질렀고, 예의 바른 행동을 오래 지속하지 못했다.
　그래서 계손 집에 사는 식객 선비들이 자기를 얕본다고 생각해 원망하면서 계손을 죽였다.
　공자의 제자인 남궁경자가 안탁취에게 이렇게 물었다.
　"계손이 공자를 따르던 이들을 거느리고, 조복을 입고 예의를 갖췄는데, 왜 선비들과 원수가 된 것인가?"
　이에 안탁취가 대답했다.
　"옛날 주나라 성왕은 가까이에 배우와 악사를 두고 기분을 풀었지만, 정사는 군자들하고만 상의해 결정했소. 이것으로 능히 바라던 천하를 이룰 수 있었소. 그러나 계손은 공자를 따르던 무리를 거느렸으나 배우나 악사들과 함께 정사를 의논해 결단하니 이렇게 원수가 된 것이오. 그래서 이런 말이 있소. 일의 성패는 함께 노는 사람이 아니라 함께 도모하는 자에게 달렸다."

3.

　공자가 노애공을 모시고 앉았다. 애공은 복숭아와 수수를 내려주며 맛보라고 했다. 공자는 먼저 수수를 먹고, 후에 복숭아를 먹었다. 좌우의 측근들이 모두 입을 가리고 웃었다.
　애공이 말했다.
　"수수는 먹으라고 준 것이 아니라 복숭아를 닦으라고 한 것이오."
　공자는 이렇게 대답했다.
　"알고 있습니다. 그러나 수수는 오곡의 우두머리로, 선왕을 제사 지낼 때 위에 올리는 제수입니다. 과일은 여섯 가지가 있지만 복숭아는 낮게 취급되니 선왕의 제사 때 묘당에 들일 수 없습니다. 군자는 천한 것으로 귀한 것을 닦는다는 말은 들었지만, 귀한 것으로 천한 것을 닦는다는 말은 듣지 못했습니다. 지금 오곡의 우두머리로 낮게 취급되는 과일을 닦는다면, 이것은 위가 아래를 닦는 것이 됩니다. 저는 의롭지 않은 일이라 여겼기에 감히 종묘의 제물보다 (복숭아를) 먼저 먹을 수 없었습니다."

IV. 상벌의 경계가 모호해질 때

　금해야 할 것은 풀어놓고, 이익이 될 것을 금한다면 신이라도 어쩔 수가 없다.
　벌해야 하는 자를 칭찬하고, 상줄 자를 헐뜯으면 비록 요임금이라도 다스릴 수 없다.
　문이 있는데 들어가지 못하게 하고, 이익이 되는 데도 나아가지 못하게 하면 난이 일어나는 이유가 된다.

1.

 서문표가 업의 수령일 때, 청렴하고 욕심이 없으며 결백하고 성실해 사적인 이익은 털끝만큼이라도 챙기지 않으며, 왕의 측근들을 대단히 소홀하게 대했다.
 이에 군주의 측근들은 작당하여 그를 헐뜯었다. 이듬해 서문표가 보고서를 올리자 군주는 그의 관인을 회수하고 면직시켰다.
 서문표는 자청해 말했다.
 "제가 예전엔 업을 다스리는 법을 몰랐습니다. 이제야 알게 되었으니 원컨대 관인을 내리시어 다시 업을 다스리게 해주십시오. 제대로 못 하면 도끼로 참수당하는 형벌이라도 받겠습니다."
 문후(군주)는 어쩌지 못해 그에게 관인을 다시 주었다. 서문표는 백성들에게 혹독하게 세금을 거두고, 측근들을 열심히 섬겼다. 다음 해, 보고서를 올리자 문후는 마중을 나와 맞아들였다.
 서문표는 이렇게 말했다.
 "지난해 제가 군주를 위해 업을 다스렸을 때에는 관인을 회수하셨습니다. 이번엔 군주의 측근들을 위해 업을 다스렸더니 군주께서는 저를 환영해 주시는군요. 제가 어찌 더 다스릴 수 있겠습니까."

그러고는 관인을 반납하고 물러가려 했다. 이에 문후는 그것을 받지 않으며 이렇게 말했다.

"나는 전번엔 그대를 몰랐지만, 이제는 알게 됐소. 내 바라는 것은 그대가 힘써 나를 위해 업을 다스려주는 것이오."

그러나 그는 끝내 받지 않았다.

2.

환공이 관리를 배치하는 문제에 대해 관중에게 물었다. 관중은 말했다.

"소송사건을 잘 살피고 재물에 청렴결백하며 사람의 특징을 잘 알기로는 제가 현상만 못 합니다. 청컨대 현상을 대리(법무장관)로 삼으십시오. 오르고 내릴 때 인사 잘하고 손님을 맞을 때 예의에 밝은 것은 제가 습붕만 못합니다. 청컨대 그를 대행(외교장관)으로 삼으십시오. 풀밭을 개간해 고을을 만들고 농토를 넓혀

곡식을 생산하는 데는 제가 염척만 못합니다. 청컨대 그에게 대전(농업장관)을 시키십시오. 삼군을 통솔하고 병사들이 죽음 보기를 마치 집에 돌아가는 것처럼 만드는 것은 신이 성보 공자보다 못합니다. 청컨대 그를 대사마로 삼으십시오. 안색을 살피지 않고 끝까지 간하기로는 신이 동곽아만 못합니다. 청컨대 그를 간관으로 삼으십시오. 제나라를 통치하는 데에는 이들 다섯 사람이면 충분합니다. 그러나 장차 패왕이 되시려거든 제가 이곳에 있겠습니다."

V. 공과 사를 구별할 줄 알아야 한다

 겸손과 검약을 미덕으로 삼는 신하에게 작위를 내리는 것은 포상의 효용이 떨어진다.
 군주가 총애와 영광을 절제하지 않으면 신하는 군주를 침해하고 핍박한다.

1.

맹헌백은 노나라 재상이었다. 마당에는 잡초가 나고, 문밖에는 가시나무가 자랐다. 식사할 때는 반찬이 두 가지를 넘지 않고, 앉을 때는 방석을 포개지 않고, 비단옷 입은 시녀도 없고, 집에 있을 때는 말에게 여물도 주지 않았으며, 나갈 때 수레가 따르지 않았다.

숙향은 이 말을 듣고 감동하여 묘분황에게 말했다. 그러자 분황은 그를 비난하며 이렇게 말했다.

"이는 군주가 내린 작위와 녹봉을 버리고, 아랫사람에게 아부하는 것이다."

일설에 따르면, 맹헌백이 상경에 임명되자 숙향이 축하하러 갔다. 그런데 문 앞에 있는 말은 오래 굶은 듯 여위었고, 수레는 없었다. 이를 보고 숙향이 물었다.

"상경인 그대에게 부속으로 따라야 하는 수레가 없는가?"

헌백이 말했다.

"내가 보니 백성들이 굶주리는 기색이 역력해 말에게 여물을 주지 않았고, 머리가 흰 사람들도 걸어 다니니 부속 수레를 갖지 않았소."

이에 숙향이 말했다.

"나는 처음에 그대가 경이 된 것을 축하하러 왔는데, 이제 보니 그대의 검소함을 축하해야 할 것 같소."

숙향은 나아가 묘분황에게 말했다.

"나와 헌백의 검소함을 축하하도록 합시다."

이에 분황이 말했다.

"왜 축하해야 합니까. 대체로 작록과 탈것은 공적에 따라 다르고, 현자와 불초한 자를 구별하는 것입니다. 그래서 국법에 상대부는 두 마리 말이 끄는 수레를 타도록 하고, 하대부는 말 일승만 타게 돼 있습니다. 이것은 등급을 밝히는 것입니다. 또한 경은 반드시 군사 업무를 맡습니다. 그래서 수레와 말을 정돈하고 병졸과 탈것을 갖추어 싸우게 될 때를 대비하는 것입니다. 난이 있을 시 미처 예측하지 못한 일을 준비하라는 것이지요. 그리고 평상시엔 그것으로 조정의 일을 도와야 합니다. 지금 적국인 진나라 정치를 어지럽히지도 않고, 자신은 궁핍하게 살며 만일의 사태를 대비하지 않으면서 절약과 검약을 알려 사적인 명성을 꾀하려는 것입니다. 헌백의 이런 검소함이 옳습니까. 무슨 축하를 합니까."

2.

제나라 재상 관중이 말했다.
"저는 신분이 높지만, 가난합니다."
그러자 환공이 말했다.
"그대에게 조세 징수율 3할에 해당하는 곳간을 갖도록 해주겠소."
관중이 다시 말했다.
"저는 부유합니다만, 신분이 낮습니다."
환공이 제나라 명문인 고씨와 국씨 위에 서게 했다. 다시 관중이 말했다.
"저는 신분이 높아졌지만, 군주와의 거리가 멉니다."
이에 그를 중부(작은아버지)로 세워주었다.
공자는 이를 비난하며 말했다.
"사치가 지나치다 못해 군주를 핍박했다."
또 관중이 외출할 때 붉은색 수레 덮개를 씌우고 청색 옷을 입고, 식사할 때는 북을 치며 정원에는 세 발 솥을 진열하고, 곳간에는 삼귀의 재물이 있었다고 한다. 이에 공자는 말했다.
"좋은 대부였지만, 그 사치는 군주를 위협했다."

3.

　초나라 재상 손숙오는 허술한 수레를 암말로 끌게 하고, 현미밥에 나물국 마른 물고기 찬을 먹으며, 겨울에는 염소가죽옷을 여름에는 갈옷을 입고, 얼굴엔 굶주린 기색이 역력했다.
　그는 좋은 대부였지만, 그의 검소함은 아랫사람들을 핍박한 것이었다.

4.

　양호가 제나라를 떠나 조나라로 도망쳤다. 조나라 간주(조양자)가 물었다.
　"내가 듣기로 그대는 사람을 잘 기른다고 하더이다."
　그러자 양호는 이렇게 말했다.
　"저는 노나라에 살 때 세 사람을 길러서 그들 모두 영윤이 되었습니다. 제가 노나라에서 죄를 짓게 되자 그들은 모두 저를 잡으려고 하였습니다. 제가 제나라에 있을 때 세 사람을 추천했는데, 한 사람은 왕의 측근이 되었고, 한 사람은 현령이 되었으며, 한 사람은 후리(형사)가 되었습니다. 제가 죄를 짓게 되자 왕의 측근은 저를 만나주지 않았고, 현령은 저를 붙잡으려고 기다렸고, 후리는 국경까지 쫓아왔지만 저에게 이르지 못해 그만 두었습니다. 그러니 제가 무슨 사람을 잘 기른다고 하겠습니까?"

간주는 고개를 숙이고 웃으며 말했다.

"원래 귤이나 유자나무를 심은 자가 그것을 먹으면 맛있고, 냄새를 맡으면 향기로운 법. 탱자나 가시나무를 심은 자는 그것이 자라면 찔리는 것이오. 그러니 군자는 사람 기르는 일에 신중해야 한다오."

5.

중모에 현령이 없었다. 진평공은 조무에게 물었다.

"중모는 내 나라의 팔다리 같은 곳이며, 한단의 어깨와 팔이오. 나는 좋은 현령을 얻고 싶은데 누구를 시키면 좋겠소?"

"형백자가 가능할 듯합니다."
"형백자는 그대와 사적인 원한이 있지 않소?"
"사적 원한을 공적인 문 안으로 들이지는 않습니다."
"그럼 내 재물을 넣어두는 창고를 지키는 관리는 누가 좋겠소?"
"제 자식이 좋을 듯합니다."
그래서 이런 말이 있다.
"사람을 천거할 때 밖으로는 원수를 피하지 않고, 안으로는 자식이라 해서 피하지 않는다."
조무가 추천한 자는 46명에 이르지만, 그가 죽자 상주를 자처하는 사람 없이 조문객으로 들렀을 뿐이다.
이처럼 공적인 추천을 자신이 베푼 덕행인 양 행세하지 않았다.

6.

해호가 간주에게 원수를 추천해 재상이 되도록 했다. 그 원수는 이것이 자신을 용서한 것이라고 생각하고, 감사를 표하기 위해 갔다.

해호는 이내 활을 당겨 그에게 쏘며 말했다.

"너를 천거한 것은 공적인 것이다. 네가 그것을 감당할 수 있기 때문이었다. 하나 너는 원수다. 나와 사적인 원한이 있다. 너에 대한 사적인 원한을 이유로 내 군주에게 너를 감추지 않은 것뿐이다."

또 다른 설도 있다.

해호가 형백류를 천거해 상당의 수령이 되었다. 형백류는 감사를 표하기 위해 가서 말했다.

"그대가 내 죄를 용서해주니 어찌 재배하지 않으리까."

그러자 해호가 말했다.

"가라. 공적인 일일 뿐이다. 원한은 사적인 것이다. 그대는 나가라. 원한은 처음과 같이 남아 있다."

VI. 군주도 위세가 떨어지면 무시당한다

 군주의 위세가 떨어지면 사행이 기승을 부리고, 공적인 것들이 사적으로 돌아가며, 도처에서 원망과 비방이 쏟아진다.
 군주의 기술 중 세와 관련한 스케치들을 모았다.

1.

 직언하기를 좋아하는 범문자를 그의 아버지 무자가 지팡이로 때리며 말했다.
 "무릇 바른말을 하는 자를 사람들은 소용 있다고 말하지 않는다. 소용이 없으면 그 몸이 위태로워진다. 제 몸만 위험해지는 게 아니라 이 아비까지 위태롭게 하는 것이다."

 자국의 아들 자산이 정나라 군주에게 충성하는 것을 보고 자국이 그를 꾸짖고 화를 내며 말했다.
 "도대체 다른 신하들과 달리 왜 혼자서 군주에게 충성하느냐. 군주가 현명하면 네 말을 들어주지만, 똑똑하지 않으면 네 의견을 들어주지 않는다. 들어줄지 안 들어줄지 모르는데 너는 다른 신하들과 벌써 다르게 행동한다. 별나게 굴면 반드시 네 몸이 위험해지고, 네 몸만 위험해지는 게 아니라 이 아비마저 위태롭게 될 것이다."

2.

양거가 새로 업 땅의 수령이 되자 그 누이가 그를 보러 갔는데 날이 저문 후여서 성문이 닫혔다.

이 때문에 성곽을 넘어 들어갔다. 원래 성곽을 넘는 자는 발을 자른다는 법이 있다. 이에 양거는 누이의 발을 자르는 월형을 내렸다.

조나라 성후는 그를 자비가 없는 자라고 여겨 관인을 회수하고 수령에서 면직시켰다.

3.

관중이 포박당한 채 노나라에서 제나라로 보내지던 길에 배가 고프고 목이 말라 동네의 관문지기에게 먹을 것을 구걸했다.

관문지기는 무릎을 꿇고 먹여주면서 대단히 공경하는 태도를 취했다. 그러고 나서 관문지기는 몰래 관중에게 말했다.

"다행히 죽지 않고 제나라로 돌아가서 등용된다면 내게 어떻게 보답하시겠습니까?"

이에 관중이 대답했다.

"그대의 말과 같이 된다면, 나는 현자를 등용하고, 능력 있는 자를 관리로 삼고, 노력하는 자를 평가하려 하오. 내가 이 중 어떤 것으로 그대에게 보답하리까?"

이에 관문지기는 그를 원망했다.

외저설 우상하편

외저설은 군주가 신하를 쓰는 법, 일하게
하는 법과 같은 통치술 차원의 용인과
무위에 관한 자료들을 모았다.

저설의 사례들 중엔 어두운 것이 많은데,
외저설 우상하 편이 가장 어둡고 불편하다.
정치적 암투와 권모술수의 사례가 주류다.

경과 전을 통합해 스케치만 편집한다.

1.

　계손이 노나라 재상일 때 자로가 후지방의 수령이었다. 노에서는 5월에 군중을 동원해 긴 수로를 만들었다. 이때 자로는 자신이 받은 봉록으로 죽을 끓여서, 오부 거리에서 작업자들에게 나눠 먹였다.
　공자가 이 말을 듣고 자공을 시켜서 그 밥상을 뒤엎고, 그릇들은 깨버리라고 하면서 말을 전하라고 했다.
　"노나라 군주께서 백성을 돌보는데, 그대가 어찌하여 그들에게 밥을 먹이는가?"
　자로는 불끈 화를 내며, 소매를 걷고 들어가 따졌다.
　"선생님은 제가 인의를 행하는데, 그것을 싫어하십니까? 선생님께 배운 것이 바로 인의입니다. 인의란 천하와 함께 나누는 것이며, 이익을 동등하게 하는 것이라고 하셨습니다. 저의 봉록으로 백성들에게 밥을 먹이는 것이 옳지 않다고 하시는 것은 어째서입니까?"
　공자가 말했다.
　"유(자로의 이름)는 철이 없구나. 나는 네가 안다고 생각했는데 너는 여직 그에 미치지 못하는구나. 너는 본래 이처럼 예를 모른다는 말인가. 네가 밥을 먹이는 것은 백성을 사랑하는 것이다. 한데 예란 천자가 천하를 사랑하고, 제후가 나라를 사랑하고, 대부가 관속들을 사랑하고, 선비가 가족을 사랑하는 것이다. 그 사랑의 한계를 넘는 것은 침해라고 한다. 지금 노나라 군주가 백성을 돌보는데, 그대가 제멋대로 애정을 베푸는 것은 침해하는 것이다. 이는 무례한 것이다"

말이 끝나기도 전에 계손이 보낸 사자가 도착해 꾸짖으며 말했다.

"내가 백성들을 동원해 일을 시키는데, 선생은 제자를 시켜 일꾼들에게 밥을 먹이는군요. 장차 나의 백성을 빼앗으려 하는 것입니까?"

이후 공자는 수레를 타고 노나라를 떠났다. 공자의 현명함으로도 미리 막지 못한 일인데, 계손은 노나라 군주가 아닌 신하이면서도 군주의 술을 빌려 일찌감치 금지하여, 자로가 사적인 은혜를 베풀 수 없도록 함으로써 그가 군주를 넘어서는 인기를 얻는 '해악'이 생기지 않도록 했다.

2.

  태공망이 동쪽 제나라에 봉해졌다. 바닷가에 현자 광율이 있다고 해서 태공망이 만남을 청하러 갔다. 세 번 말에서 내려 걸어갔는데, 광율은 찾아온 손님에게 답례 인사조차 하지 않고 만나주지 않자 태공망이 그를 처형했다.
  이때 마침 주공 단이 노나라에 있었는데, 이를 말리려고 말을 타고 달려왔다. 그러나 도착했을 때엔 이미 처형하고 난 후였다. 주공 단이 말했다.
  "광율은 천하의 현자인데 그대는 어찌 베었습니까?"
  태공망이 말했다.
  "광율은 천자의 신하가 될 생각도 없고, 제후의 벗이 될 생각도 없다고 합니다. 나는 그가 법을 어지럽히고 교화를 우습게 보는 풍조를 만들까 두려웠습니다. 그래서 이를 내 처형의 첫 번째로 한 것이지요. 지금 여기에 말이 있는데 천리마를 닮았지만, 몰아도 가지 않고 잡아끌어도 앞으로 내딛지 않으면, 비록 노비라 해도 자기 발로 걸어가지, 수레를 몰려 하지 않을 것입니다."

3.

신불해(법가 사상가)가 말했다. 군주의 총명함을 보게 되면 사람들은 준비를 하고, 총명하지 못함을 알게 되면 홀리려 든다.

그가 아는 것으로 보이면 사람들은 자신을 포장하고, 모르는 것으로 보이면 사람들은 숨기려 든다.

욕심이 없는 것으로 보이면 사람들은 그 속마음을 엿보려고 하고, 욕심을 드러내면 사람들은 이용하려 든다. 그러므로 나는 속마음을 눈치 채이지 않고, 오직 무위로써 살펴볼 것이다.

신불해가 이런 말도 했다.

말하는 것을 삼가라. 그러면 사람들은 너에게 맞추려 한다. 행동을 삼가라. 사람들이 너를 따르려고 할 것이다. 네가 아는 것으로 보이면 사람들은 너에게 숨기려 할 것이고, 무지해 보이면 네 마음을 헤아리며 속이려 들 것이다. 네가 알면 사람들은 숨기려 하고 네가 모르면 사람들은 너를 마음대로 하려고 한다. 그러므로 오직 무위함으로써 살필 수 있을 것이다.

4.

 감무가 진나라 혜왕의 재상으로 있었는데, 혜왕은 공손연을 총애하여 그와 비밀스럽게 말을 나누면서 "내가 앞으로 그대를 재상으로 삼겠소"라고 했다.
 감무의 사람이 문틈에 구멍을 내고 이 밀담을 듣고는, 감무에게 고했다. 감무는 입궐해 왕을 만나서 말했다.
 "왕께서 현명한 재상을 얻으셨더군요. 감히 재배하며 축하드립니다."
 그러자 왕이 되물었다.
 "내가 그대에게 나라를 맡겼는데 어떻게 다시 현명한 재상을 얻었다 하십니까?"
 "장차 서수(공손연)를 재상으로 하신다더군요."
 "그대가 어떻게 그것을 아시오?"
 "서수가 제게 말했으니 알지요."
 왕은 서수가 비밀을 누설하였다며 노하여 그를 쫓아냈다.

5.

당계공이 소후에게 말했다.

"지금 천금 나가는 옥 술잔이 있는데 뚫려서 밑바닥이 없으면 물을 담을 수 있겠습니까?"

그러자 소후가 말했다.

"불가하지요."

"유약도 바르지 않은 질그릇이 새지 않는다면 술을 담을 수 있습니까?"

"가능하지요."

"질그릇은 천한 것이어도 새지 않으면 술을 담을 수 있습니다. 천금이나 되는 옥잔은 대단히 비싸지만 새면 물을 담을 수 없는데, 누가 거기에 음료를 담으려고 하겠습니까. 군주가 신하들이 고한 말을 누설하는 것은 이처럼 바닥없는 옥 술잔 같은 것입니다. 비록 훌륭한 지모가 있어도 그 술수를 다할 수 없는 것은 누설 때문입니다."

이에 소후는 이후에 천하의 대사를 펴고자 할 때 혼자서 잠을 자지 않은 적이 없다. 잠꼬대라도 하여 다른 사람이 그 계획을 알게 될까 봐 두려워했기 때문이다.

6.

술을 파는 송나라 사람이 있었다. 술의 정량을 속이지 않았고, 손님을 맞을 때도 성실했으며, 술맛도 대단히 좋았다. 술집을 표시하는 깃대도 매우 높고 뚜렷했다.

그런데도 술이 팔리지 않아 쉬었다. 그것이 괴이하여 그 이유를 마을 장로 양천에게 가서 물어봤다. 그가 물었다.

"자네 집에 사나운 개가 있는가?"

"개가 사나운 것과 술이 팔리지 않는 것이 무슨 관계가 있습니까?"

"사람들이 무서워하기 때문이다. 혹 어린아이에게 돈과 술독을 들려 보내면 개가 달려 나와서 물 것이다. 이것이 술이 팔리지 않아 쉬는 까닭이다."

나라에도 역시 개가 있어서 도를 터득한 인사들이 법술을 품고 만승의 나라(큰 나라) 군주에게 밝히고 싶어도 대신들이 사나운 개처럼 그를 물고 늘어진다.

이것이 군주의 눈이 가려지고 협박당하는 이유이며, 도를 터득한 인사들이 임용되지 못하는 이유이기도 하다.

이 얘기를 듣고 환공이 관중에게 물었다.

"나라를 다스리는 데에 가장 큰 근심거리는 무엇입니까?"

"최고 근심거리는 사당의 쥐입니다."
"왜 사당의 쥐가 근심입니까?"
이에 관중은 이렇게 대답했다.

군주께선 사당 짓는 것을 보셨습니까? 나무를 얽어 골격을 만들고, 진흙으로 틈을 막지만 쥐들이 그 사이에 구멍을 뚫고 그 속에 삽니다. 연기를 피우려면 나무가 탈 것이 두렵고, 물을 뿌리면 진흙이 떨어질까 두려워 이 사당의 쥐를 잡을 수가 없습니다.

지금 군주의 좌우 측근들은 위세가 무거워 밖에서는 백성들에게 이익을 거두고, 안으로는 저희들끼리 어깨를 나란히 하며 군주에게 악행을 숨깁니다. 안으로 군주의 사정을 엿보아 밖으로 알리고, 안팎으로 권세를 키워 여러 신하와 백관들이 부를 이룹니다. 처벌하지 않으면 법이 어지러워지지만, 처벌하면 군주가 불안해질까 하여 관리들이 죄를 묻지 않고 덮어둡니다. 이 역시 나라 안에 있는 사당의 쥐들입니다.

이 신하된 자들이 권력을 잡고 마음대로 금령을 내려 자기를 위하는 자에게는 반드시 이익을 주고, 자기를 위하지 않는 자는 반드시 해를 입는다는 것을 밝힙니다. 이것은 사나운 개입니다.

대체로 대신들이 사나운 개가 되어 능력있는 인재들을

물어뜯고, 측근들은 또 사당의 쥐가 되어 군주의 실정을 엿보는데도 군주는 깨닫지 못합니다.

이와 같다면 군주의 눈이 가려지지 않거나 나라가 망하지 않을 방법이 있겠습니까.

7.

요임금이 천하를 순에게 전하려 하였다. 그러자 곤이 간하며 말했다.

"좋지 않습니다. 누가 천하를 필부에게 전합니까?"

요임금은 이를 듣지 않고, 병사를 일으켜 곤을 우산 근교에서 쳐 죽였다. 공공이 또 간하였다.

"누가 천하를 필부에게 전한답니까?"

요임금은 듣지 않고 다시 거병하여 공공을 유주의 도읍에서 처형했다. 이렇게 해서 하늘 아래엔 순에게 천하를 물려주는 데 감히 말할 수 있는 사람이 없었다.

공자가 이를 듣고 말했다.

"요가 순의 현명함을 아는 것은 그렇게 어려운 일이 아니다. 간언한 자들을 죽이면서까지 순에게 반드시 물려주는 데에 이르는 것이 어려운 것이다."

그래서 이런 말이 있다.

"의심을 받으면서도 그 살핀 것을 포기하지 않는 것이 어려운 일이다."

8.

초왕이 급히 태자를 불렀다. 초나라 법에 차는 묘문 앞에 댈 수 없다고 했다. 비가 오는 날이어서 안마당에 고인 물이 많았다.

태자는 수레를 몰아 묘문 앞에 대었다. 그러자 정리가 말했다.

"수레는 묘문 앞에 댈 수 없습니다. 법이 하지 말라고 하였습니다."

태자가 말했다.

"왕께서 급히 불러서 왔는데 고인 물이 마르기를 기다릴 수 없구나."

그리고 수레를 몰았다. 그러자 정리가 장비를 들고 와 말을 치고 수레를 부쉈다.

태자는 왕에게 들어가 울면서 말했다.

"마당에 고인 물이 많아서 묘문에 다다라 수레를 대었는데, 정리가 법에 금한 일이라며 장비로 제 말을 때리고, 제 마차를 부쉈습니다. 왕께서 그를 반드시 죽여 주십시오."

그러자 왕이 말했다.

"먼저 이 늙은 군주를 위해 불법을 모른체하지 않았고, 다음은 태자라도 아첨하지 않았으니 긍지가 있구나. 이 사람이 진정 내 법을 지키는 신하구나."

그러고는 곧바로 두 계급을 올려주고, 뒷문을 열어 태자를 나가게 하여 다시 잘못을 저지르지 않도록 하였다.

9.

위나라 사군이 박의에게 말했다.

"그대는 내 나라가 작아서 벼슬하기에 부족하다고 생각하겠지만, 내게는 그대에게 벼슬을 내릴 수 있는 힘이 있소. 그대에게 상경의 작위를 내리고 1만 경의

농지를 내리겠소."

그러자 박의가 이렇게 말했다.

저의 어머니는 저를 아껴 제가 만승의 나라 재상이 되어도 일을 잘 해낼 것이라고 생각합니다. 그런데 저의 어머니는 집에 함께 사는 채구라는 무당을 매우 믿어 가사를 맡기고 있습니다.

제 어머니는 저를 아끼고 제 말을 다 들어주지만, 제가 말한 것도 반드시 채구에게 들어 다시 결정합니다.

어머니는 저의 지혜와 능력으로 만승의 나라 재상이 되어도 빈틈없이 일할 거라 생각하고, 그 친함으로는 모자 사이인데도 저는 어머니와 채구가 의론하는 틀에서 벗어날 수가 없습니다.

지금 저와 군주와의 사이는 모자 사이와 같은 친함이 없고, 군주에게는 채구 같은 사람들이 많습니다. 군주의 채구는 실권을 장악한 주요 권신들입니다. 그들은 능히 사욕을 행사할 수 있습니다. 대체로 사욕을 행사하는 자들은 법 테두리의 밖에 있습니다.

그러나 제가 말하는 것은 법 테두리 안의 일들입니다. 법을 벗어난 것들과 법 안의 것들은 원수 사이여서 서로 받아들일 수 없습니다.

10.

진문공이 호언과 묻고 답했다.

"나는 달고 살찐 고기를 당상의 신하들과 두루 나누고, 소 한 마리를 잡으면 온 도성 안에 골고루 나눴으며, 연간 새로 들어오는 옷감으로 병졸들의 옷을 해 입혔소. 이제 백성들을 전쟁에 내보낼 만하오?"

"부족합니다."

"나는 관과 시장의 세금을 줄이고, 형벌을 너그럽게 했소. 그것으로 백성을 싸우게 할 수 있겠소?"

"부족합니다."

"내 백성이 상을 치를 때 비용을 대주게 하고, 친히 낭중에게 일러 일을 돌봐주게 했으며, 죄가 있는 자들을 용서하고, 빈궁하고 부족한 자들에게 나누어 주었소. 그것으로 백성을 싸우게 할 수 있겠소?"

"부족합니다. 이 모든 것은 생계를 지키는 것입니다. 전쟁에 내보내는 것은 죽이는 것입니다. 백성들이 공을 따르는 것은 생계를 지키기 위함입니다. 그런데 공이 이를 빌미로 죽음으로 보낸다면, 이는 공을 따르게 하는 이유를 잃어버리는 것입니다."

"그러니 어떻게 하면 백성들을 전쟁에 나가도록 할 수 있겠소?"

"전쟁에 나가지 않을 수 없도록 해야 합니다."

"전쟁에 나가지 않을 수 없도록 한다? 어떻게 말이오?"

"신상필벌입니다. 전쟁에 나가도록 하는 것은 그것으로 족합니다."

"형벌의 끝은 어디까지여야 하오?"

"친하고 신분이 높은 자들을 피하지 말고, 아끼는 자에게 법을 집행하십시오."

"알겠소."

진문공은 다음날 포륙에서 사냥을 명하며, 시간을 정오로 정하고 시간에 늦는 자는 군법을 적용하겠다고 했다. 이때 문공이 총애하는 자 중에 전힐이라는 자가 있었는데, 그가 늦어 관리가 죄를 청하자 문공은 눈물을 흘리며 슬퍼했다.

관리가 말했다.

"일을 집행하도록 해주십시오."

문공이 허락하고 마침내 전힐의 등을 베어 백성들에게 돌려가며 보였다. 이렇게 법을 확실히 집행한다는 것을 믿도록 하자 이후 백성들은 모두 두려워하며 말했다.

"군주가 전힐을 대단히 귀중하게 여겼는데, 군주는

법을 집행하였다. 하물며 나에게는 어떠하겠는가."

 문공은 백성들을 싸움터로 보낼 수 있는 가능성을 보았다. 그리고 군사를 일으켜 원나라를 정벌하였다. 또 위나라를 쳐서 동서로 길을 내어 통하게 하고, 오록 땅을 취했다. 양을 공격하고, 괵을 이기고, 조를 쳤다. 또 남쪽으로는 정나라를 포위해 성벽을 무너뜨렸고, 송나라의 포위를 풀고 오는 길에 초나라와 정복에서 싸워 크게 승리했으며, 돌아오는 길에 천하의 맹주가 되었다.

 한번 일어나 여덟 개의 공을 세운 것이다. 그렇게 할 수 있었던 이유는 다른 것이 아니라 호언의 지모에 따르고 전힐의 등을 베었기 때문이다.

11.

 왕량과 조보는 천하에서 가장 말을 잘 모는 사람들이지만 왕량에게 왼쪽 고삐를 잡고 말을 몰도록 하고, 조보에게 오른쪽 고삐를 잡고 채찍을 쓰게 하면 말이 십리도 갈 수 없을 것이다. 이는 둘이 함께 몰았기 때문이다.

 전련과 성규는 거문고를 잘 타기로는 천하에서 최고지만 전련에게 거문고의 위를 타게 하고, 성규에게 아래를 누르게 하면 곡을 연주할 수 없다. 이 역시 함께하기 때문이다.

 대체로 왕량과 조보의 기교로도 함께 고삐를 쥐게 하면 말을 부릴 수 없다. 그러니 군주가 권력을 신하와 함께 가지고 통치할 수 있겠는가. 전련과 성규의 기교로도 함께 거문고를 연주해 곡을 완성할 수 없는데, 군주는 또 어떻게 신하와 위세를 함께 하며 공을 이룰 수 있겠는가.

12.

 조보가 제왕의 수레를 끄는 일을 할 때, 물을 먹이지 않는 것으로 말을 복종시켜 백일만에 길들였다. 그러고 나서 제왕에게 수레를 모는 시험을 할 수 있도록 청했다.

 그러자 제왕이 "채마밭이 있는 농장 안에서 수레를 몰아보라"고 했다. 조보가 수레를 몰고 농장 안으로 들어가자 말이 연못을 보고 달려가는 바람에 조보는 통제할 수가 없었다. 조보가 말에게 물을 먹이지 않고 굴복시킨 지 오래되었는데도, 이제 말이 연못을 보고 사납게 달려가니 비록 조보라 해도 다스릴 수 없었다.

왕어기가 송나라 군주를 위해 천리를 달리는 경주를 했다. 그는 수레를 달고 단단히 말고삐를 틀어쥐고는 말을 몰아 앞으로 나아가면 일직선으로 곧장 나가고, 끌어당겨 뒤로 물러서게 하면 자기 발자국을 그대로 밟을 정도로 신묘하게 말을 몰았다.

마침내 채찍질을 하여 출발했는데, 돌연 돼지가 튀어나왔다. 말이 갈팡질팡하며, 채찍질을 해도 앞으로 나갈 수 없었다. 그리고 말이 날뛰면서 달아나니 고삐로도 멈추게 할 수 없었다.

송나라 관리로 일하던 자한이 군주에게 말했다.
"칭찬하고 상을 주는 것은 백성들이 좋아하는 것이니 군주 스스로 거행하십시오. 사형을 하거나 벌을 내리는 것은 백성들이 싫어하는 일이니 제가 맡겠습니다."

그러자 송나라 군주가 "그렇게 하라"고 승낙했다.

그래서 엄중하게 금하는 명령인 '위령'을 내리거나 대신을 벌할 때면 군주가 말했다.
"자한에게 물어라."

이에 대신들은 그를 두려워하고 백성들은 그를 따랐다. 일 년 후 자한은 송나라 군주를 살해하고 정권을 빼앗았다. 자한은 갑자기 뛰어나온 돼지처럼 그 군주의 나라를 빼앗은 것이다.

제나라 간공은 벌은 무겁고 형은 엄하고, 세금은 많이 부과하고, 백성을 살상했다.

전성항은 자애를 베풀고 관대하고 친절했다. 간공은 백성을 목마른 말처럼 다루면서 백성에게 은혜를 주지 않았다. 그러나 전성항은 인자하고 두터운 자애로 채마밭의 연못 구실을 한 것이다.

13.

노나라 재상 공의휴는 생선을 좋아했다. 그러자 온 나라 사람들이 앞다퉈 생선을 사서 바쳤다. 공의휴는 이를 받지 않았다. 그러자 동생이 말했다.

"형님은 생선을 좋아하면서 왜 받지 않으십니까?"

"생선을 좋아해서 받지 않는 것이다. 생선을 받으면 필시 사람들에게 나를 낮추는 기색을 보일 것이고, 그런

기색이 드러나면 장차 법을 왜곡시키고 법을 왜곡하면 재상에서 면직될 것이다. 이렇게 되면 내가 생선을 좋아한다 해도 누가 내게 생선을 주겠느냐. 또한 벌이가 없으니 생선을 자급할 수도 없을 것이다. 즉 생선을 받지 않으면 재상에서도 면직되지 않을 것이고, 내가 능히 오래도록 생선을 사 먹을 수 있을 것이다."

이는 바로 남을 믿는 것이 자신을 믿는 것만 못하다는 것을 밝히는 사례다.

또 남이 자신을 위해준다는 것이 자기가 스스로를 위하는 것만 못하다는 것도 보여준다.

14.

오장이 한나라 선왕에게 말했다.

"군주는 사람을 사랑하는 양 꾸며서는 안 됩니다. 다른 날 다시 미워할 수 없기 때문입니다. 사람을 미워하는 양 꾸며서도 안 됩니다. 다른 날 다시 사랑한다고 할 수 없어서입니다. 그러므로 미워하거나 사랑하는 양하는 기미라도 보이면 아첨하는 자들은 이를 근거로 헐뜯거나 칭찬하게 될 것입니다. 비록 명군이라 하더라도 이를 수습할 수 없습니다. 하물며 남에게 (권력을) 빌려주게 되면 더 말할 것도 없겠지요."

15.

위나라 군주가 주나라에 입조했을 때 주나라 외교사절 담당자(행인)가 이름을 물었다.
"제후 벽강이오."
그러자 주나라 행인은 그를 물러나라고 하며 말했다.
"제후가 천자와 같은 이름을 쓸 수는 없습니다."
이에 위군이 스스로 이름을 바꾸어 말했다.
"제후 훼입니다."
그러고 나서야 안으로 들여보냈다.
공자가 이를 듣고 말했다.
"멀리 내다보고 지나치게 가까워지는 것을 막았구나. 허명조차도 남에게 빌려주지 않는데, 하물며 실질을 빌려줘서야 되겠는가."

16.

　조보가 밭을 매다가 어떤 부자가 수레를 타고 지나가는 것을 보았는데 말이 놀랐는지 가지 않았다. 그러자 그 아들이 내려서 말을 끌고 아버지도 내려서 수레를 밀었다. 그러고는 조보에게 수레 미는 것을 도와달라고 청했다.
　조보는 농기구를 거둬들이고 하던 일을 멈춘 뒤 수레에 싣고 그 부자도 수레에 타도록 했다. 이내 고삐를 졸라매 잡아당기고 채찍을 들었는데, 미처 그것을 쓰기도 전에 말들이 일제히 달리기 시작했다.
　조보에게 부탁하지 않았다면, 비록 힘을 다 쓰고 몸이 수고해 그를 도와 수레를 민다 해도 말을 달리게 하지 못했을 것이다. 지금 몸은 편히 하고, 또 수레에 짐을 싣고 사람들에게 덕을 베풀 수 있었던 것은 말을 잘 몰 수 있는 기술이 있어서였다.
　나라는 군주의 수레와 같으며, 세는 군주의 말이다. 술이 없이 말을 부리면 몸은 비록 지쳐도 혼란을 면할 수 없다. 술을 가지고 다스리면 몸은 편안한 곳에 두고도 제왕의 공덕을 이룰 수 있다.

HOMO POLITICUS
스케치 &

정치적 인간의 우화 ————————————————

고분과 오두

[한비자]엔 55편의 글이 실려 있다. 그중 <고분>과 <오두>는 대중적으로도 유명하다.

진시황 영정이 이 두 편을 읽어보고 감탄하며 시쳇말로 '팬심'을 키웠다는 유명한 일화 덕분일 거다. 그의 55편 중 가장 빼어난 글이라고 하기엔 다른 편들도 빼어나서 선뜻 장담할 순 없으나 한비자의 주장이 농축되어 있는 편은 맞다. 이 두 편 정도만 읽어도 한비자가 어떤 생각을 했는지 미루어 짐작할 수 있다. 이런 점에서 이 두 편을 읽기 쉽도록 리라이트한다.

고분孤憤

탐욕스런 정치인은 실력있는 관리와 함께 갈 수 없다

유능한 관리(지술지사, 智術之士)는 반드시 멀리 내다 보고 일을 명확히 꿰뚫어 본다. 일을 명확히 꿰뚫지 못하면 사리사욕을 획책하는 음모를 능히 알 수 없다.

유능한 법률가는(능법지사, 能法之士)는 굳건하고 강직하다. 그렇지 않으면 간사한 자들을 바로잡을 수 없다.

권력자 주변에 붙어서 명령을 무시하고 제멋대로 굴며, 법을 어기면서 사익을 취하고 나라 재정을 빼돌려 자기 집안을 이롭게 하는 자들을 세도가 혹은 중인重人이라고 한다.

법에 따라 움직이고 법에 근거해 일하는 지술지사가 군주의 신임을 얻어 중용된다면 이들의 음모가 드러날 것이다. 능법지사는 일에 엄격하므로 군주가 이들을 얻어 중용하면 중인들의 간사한 행동이 이내 바로잡힐 것이다. 이들은 높은 지위와 권세를 가진 자들도 법을 어기면 가차 없이 제거할 것이다. 따라서 이런 인재들은 중요 요직에 있는 실권자와 양립할 수 없는 원수 관계다.

"실권을 차지한 중인은 나라 안팎이 칭송하니 이들의 국정 농단은 가차 없이 지속된다."

 요직을 차지한 자들이 실권을 장악하면 국정을 농단하여 나라 안팎이 그를 위해 움직이게 된다. 이에 제후도 그에게 의지하지 않으면 일이 안 되니 적국조차 그를 칭송한다. 백관들도 그를 통하지 않고는 일이 진척되지 않으므로 모든 신하가 그를 위해 일하게 된다. 군주의 시종인 낭중조차 그를 통하지 않고는 군주에게 가까이 갈 수 없는 까닭에 군주의 측근조차 그를 위해 잘못을 숨겨주게 된다.
 학자들도 그를 통하지 않고는 봉록이 깎이고 대우가 낮아지는 까닭에 그를 위해 변호한다. 제후와 백관, 낭중, 학자들의 도움으로 사악한 신하들은 스스로를 분식할 수 있게 된다.
 중인들은 능법지사를 천거할 리 없고, 백관들의 말에 의존하는 군주 역시 사악한 신하들의 의도를 밝힐 수 없다. 군주의 눈이 더욱 가려지고 신하의 세도가 더욱 커지는 이유다.
 요직을 차지한 자들이 군주의 신임과 총애를 받지 못하는 경우는 드물다. 게다가 오랫동안 친숙한 사이라면 더 말할 게 없다. 군주가 좋아하고 싫어하는 바에 따라 비위를 맞추는 것은, 원래 이들이 출세하는 비결이기도 하다. 관작이 높고 귀해지고 따르는 무리가 많으면 온 나라가 그를 칭송한다.

"아부와 기만에 길든 군주는 법도에 맞는 말에 심기가 상한다."

한편 능법지사는 군주에게 등용되어야 일할 수 있지만, 오랜 친분이 있는 사이가 아니다. 게다가 아부와 기만에 길든 군주의 마음을 법도에 맞는 말로 바로잡으려 하지만, 이는 오히려 군주의 심기를 거스를 뿐이다. 이들은 지위가 낮고 패거리도 없어 고독하다.

군주와 소원한 자가 신임과 총애를 받는 신하와 겨루면 이길 승산이 없고, 첫 유세를 하는 이가 군주와 오래된 사이인 신하와 다투면 이길 도리가 없다. 군주의 심기를 거스르는 말을 해야 하는 자가 군주의 비위를 잘 맞추는 신하와 다투면 이길 수 없고, 세력 없고 신분이 낮은 자가 존귀하고 권세 있는 신하와 다투면 이길 수 없고, 온 나라가 칭송하는 자와 홀로 싸워서 이길 도리가 없다. 법술에 정통한 법률가는 이처럼 다섯 가지 상황이 모두 불리하니 군주를 알현할 길이 없다. 그러나 요직을 차지한 자들은 이와 반대로 다섯 가지 상황이 유리하니 아침저녁으로 군주 앞에 나아가 홀로 의견을 제시한다.

"군주의 심기를 거스른 자는 형리에게 죽지 않으면, 반드시 자객의 칼에 죽게 된다."

 그렇다면 법률가가 어떻게 해야 군주 앞에 나아갈 수 있고, 군주는 언제 이를 깨달을 수 있겠는가. 처음부터 불리한 조건에 서 있는 자가 이길 승산이 없고, 객관적인 형세 또한 존립할 수 없으니 법률가가 어찌 위험하지 않겠는가. 간신들은 무함으로 죄를 뒤집어씌울 수 있을 때는 공법으로 처단하고, 그럴 수 없을 때는 자객을 동원해 목숨을 끊어버린다. 이처럼 법술을 밝히기 위해 군주의 심기를 거스른 자는 형리에게 죽지 않으면 반드시 자객의 칼에 죽게 된다.
 붕당을 만들고 패거리를 지어 군주의 눈과 귀를 가리고 왜곡된 언사로 사적인 이익을 얻으려는 자들은 반드시 중인의 신임을 얻는다. 공적을 세웠다는 구실을 붙일 만한 자는 관작을 높여주고, 욕먹는 자는 외국의 힘을 빌려서라도 요직에 중용되도록 밀어준다.

군주는 공과를 제대로 점검하지 않고 형벌을 행하고, 공을 세우기도 전에 봉록을 준다. 그러니 법률가가 어찌 죽음을 무릅쓰며 간언하고, 간사한 신하가 어찌 사적인 이익을 포기하며 뒤로 물러서겠는가. 군주의 위엄이 떨어지고 권신이 더욱 존중되는 이유가 여기에 있다.

"죽은 사람과 같은 병에 걸리면 살아날 수 없고, 멸망한 나라와 정황이 같아진 나라는 존속할 수 없다."

사람들이 제나라가 망하였다고 말하는 이유는 토지나 도성이 없어졌기 때문이 아니다. 군주인 여呂씨가 통제하지 못하고 신하인 전田씨가 찬탈했기 때문이다. 진晉이 망하였다고 하는 까닭도 역시 토지나 도성이 없어졌기 때문이 아니다. 군주인 희姬씨가 통치할 수 없게 되고 육경들이 정사를 전횡한다는 것이다. 만일 중신들이 상·벌 권한을 장악하여 독단하고 있는데도 군주가 그것을 거두어들일 줄 모른다면, 이는 그 군주가 어두운 것이다. 죽은 사람과 같은 병에 걸리면 살아날 수 없고, 멸망한 나라와 정황이 같아진 나라는 존속할 수 없다. 이제 제나라나 진나라와 똑같은 행적을 되풀이하면서 나라가 안전하길 바란다 해도 할 수 없다는 것이다.

대체로 법과 술이 행해지기 어려운 것은 큰 나라든 작은 나라든 마찬가지다. 군주의 좌우 측근이 반드시 똑똑한 자만 있는 건 아니다. 군주가 누군가를 똑똑하다고 생각하여 그 의견을 들은 뒤 좌우 측근들과 그 의견을 검토하면, 이는 어리석은 자와 함께 지혜로운 자를 검토하는 것이나 마찬가지다. 또 군주의 측근에 현자만 있는 게 아니다. 군주가 누군가를 현자라고 생각하여 그를 예우하며 측근들과 그 몸가짐을 논평한다면, 이는 불초자와 함께 현자를 논평하게 되는 것이다. 즉 똑똑한 자의 헌책 가부를 어리석은 자에게서 판정받고 현자는 그 행위의 선악을 불초자에게서 평가받게 된다.

그렇다면 현자나 지혜로운 자는 치욕을 당하고 군주의 판단도 어긋나게 될 것이다.

"능력 있고 청렴한 신하는 무함과 비방을 받아 벼슬에서 쫓겨난다."

벼슬자리를 얻고 싶어 하는 신하 중에 스스로 수양하는 수사修士는 청렴결백으로 자신을 다잡으려 하고, 지사智士는 자신의 능력에 따라 합리적으로 일하려고 한다.

수사는 청렴결백을 믿으므로 뇌물을 써서 남에게 빌붙을 수 없고, 지사는 일 처리 능력을 믿으므로 다시 법을 굽혀 편의를 꾀할 수 없다. 그러므로 수사나 지사는 왕의 측근에 빌붙지 않고 청탁을 받아들이지도 않는다.

그러나 군주의 측근들은 백이伯夷가 아니다. 청탁하지 않고 뇌물을 바치지 않는 신하들에 대해선 청렴과 능력을 묵살하고 헐뜯고 중상한다. 일의 성과는 측근에게 제동이 걸리고 청렴결백한 행위가 비방을 받으면, 수사와 현사는 벼슬자리에서 쫓겨나고 군주의 총명이 막혀 버린다. 실제 공적을 능력과 행동으로 평가하지 않고, 사실 조사를 통해 죄과를 심리하지 않고, 측근이나 친숙한 자의 말만을 받아들인다면, 결국 조정엔 무능한 자와 부정한 관리만 남게 될 것이다.

큰 나라의 근심거리는 중신들의 권력이 지나치게 큰 데 있고, 작은 나라의 근심거리는 측근들이 지나치게 신임받는 데 있다. 이는 군주들의 공통적인 근심거리다. 장차 신하는 큰 죄를 범할 수 있으며, 군주는 큰 실수를 저지를 수 있다. 신하와 군주의 이익이 서로 달라 모순되기 때문이다.

"능력 있는 자를 발탁하는 것은 군주의 이로움이고,

무능한데도 자리를 꿰차고 있는 것은 신하에게 이로운 것이다."

군주의 이로움은 능력 있는 자에게 관직을 맡기는 데 있으며, 신하의 이로움은 무능한데도 자리를 차지하는 데 있다. 군주에게 이로운 건 공로가 있는 자에게 작록을 주는 데 있으며, 신하는 공로가 없어도 부귀해지는 데 이익이 있다. 또 군주의 이익은 호걸로 하여금 능력을 발휘하도록 하는 데 있으며, 신하의 이익은 파당을 짜서 사리를 도모하는 데 있다.

이런 까닭에 나라의 영토가 깎여도 세도가 집안은 부유해지고, 군주의 지위는 낮아져도 중신의 권한은 막중해진다. 그러므로 군주는 권세를 잃고 신하가 나라를 빼앗으며, 총리격인 상국이 군권을 행사하고 관원을 임명하며 명령을 내린다. 이것이 바로 신하가 군주를 속여 사리를 도모했기 때문이다. 그러기에 중신들 가운데 군주의 세도가 변해도 계속 전과 같은 총애를 받을 자는 열 가운데 두셋도 없을 것이다. 이러한 까닭은 무엇인가. 신하가 저지른 죄과가 크기 때문이다.

신하에게 큰 죄는 군주를 속이는 것이고, 그 죄과는 사형에 해당한다. 지혜로운 선비는 멀리 내다보므로 허무한 죽음이 두려워 중인을 따르려 하지 않는다. 현명한 선비도 몸을 닦아서 청렴하므로 간신과 함께 군주를 속이는 걸 부끄러워하여 결코 중인을 따르려 하지 않는다.

요직에 있는 중신의 패거리들은 어리석어서 장래의 화를 미리 알지 못하는 자가 아니면, 반드시 심성이 더러워서 간악한 일을 피하지 않는 자들이다. 중신들은 어리석고 타락한 탐관오리를 끼고 위로는 이들과 함께 군주를 속이고, 아래로는 이들과 함께 이익을 찾아 백성의 이익을 일삼아 침탈한다.

파당을 짜서 한 패거리가 되어 서로 말을 맞추어 군주를 현혹하고 법을 파괴한다. 종국엔 백성의 생활을 어지럽혀 나라를 위험에 빠뜨려 영토가 깎이고, 군주는 치욕을 당하게 된다. 이는 큰 죄다.

신하에게 큰 죄가 있는데도 군주가 이를 금하지 않는 것은 큰 실수이다. 만약에 위로는 군주가 과오를 저지르고, 아래로는 신하가 큰 죄를 짓는다면 나라가 멸망하지 않기를 바란다 하여도 할 수 없는 일이다.

오두五蠹

"진짜 성인은 옛것을 따르거나 변치 않는 원칙을 고수하는 게 아니라 시대 사정에 맞는 대책을 세운다."

상고上古시대엔 사람은 적고 새와 짐승이 많아서, 사람들이 짐승과 벌레를 이기지 못했다. 그러다 유소씨가 나무를 얽어 집을 만들어 그 해악을 피하게 하자 그를 왕으로 삼았다. 백성은 나무 열매, 풀씨와 조개를 먹었지만, 비린내와 더러운 냄새로 뱃속이 상하여 병을 앓았다. 이에 성인이 나타나 부싯돌로 불을 일으켜 음식을 익혀 먹게 하자 그를 왕으로 삼고, 수인씨라 불렀다.

중고中古 시대엔 큰물이 나서 곤과 우가 물을 텄고, 근고近古 시대엔 걸와 주가 난폭하여 탕과 무왕이 그들을 정벌했다.

그런데 중고 시대에 나무를 얽거나 부싯돌로 불을 붙이며 이를 성인이 해야할 일이라고 하면, 곤과 우에게 비웃음을 샀을 것이다. 또 근고 시대인 은·주 대에 물을 트는 게 성인이 해야할 일이라고 했다면 탕과 무왕에게 비웃음을 샀을 것이다.

그렇다면 요즘 요·순·우·탕·문·무의 도를 찬미하는 것은 새로운 성인에게 비웃음을 살 일이다. 진정한 성인은 옛것을 따르거나 변치 않는 원칙을 고수하는 게 아니라 시대 사정에 맞는 대책을 세운다.

밭을 갈던 송나라 사람이 토끼가 달아나다 밭 가운데 있던 나무 밑동에 걸려 목이 부러져 죽는 것을 보고, 토끼를 쉽게 얻은 후 쟁기를 버리고 나무 밑동을 지키며 다시 토끼를 얻으려고 했다. 그러나 토끼는 다시 얻을 수 없었고, 그는 송나라의 웃음거리가 됐다.

지금 선왕의 정치로 요즘 백성을 다스리려 하는 것은 모두 나무 밑동을 지키는 것과 같은 일이다.

"요순이 천자 자리를 쉽게 버린 것은 고상해서가 아니라 위세가 낮았기 때문이다."

옛날에는 사람의 수가 적어 초목의 열매가 먹거리로 넉넉했고, 새나 짐승의 가죽으로도 충분히 옷을 해 입을 수 있어 힘들여 일하지 않아도 물자가 남아 백성이 다투지 않았다.

그러나 지금은 한 사람에게 다섯 자식 이상이 있는 게

예사인데, 그들이 또 결혼해 다섯 자식을 낳으니 조부가 죽지 않으면 한 가족이 스물다섯 명이나 된다. 사람 수는 많아지고, 재화는 적으니 힘써 일해 지쳐도 생활이 야박하므로 백성들이 다투게 되었다.

옛날 요堯가 왕이었을 때 띠로 이은 지붕에 통나무 서까래를 깎지 않고, 현미나 기장밥을 먹었고, 겨울에는 사슴 가죽, 여름에는 갈포 옷을 입었다. 당시엔 문지기라 하더라도 이보다 덜하지 않았다. 우禹임금은 몸소 쟁기와 괭이를 들고 백성보다 앞장 서서 일하며 다리엔 흰살이 없고 정강이에 털도 나지 않을 정도로 일했다. 노예의 노동도 이보다 고생스럽지 않았다. 천자가 천하를 물려준다는 게 오히려 문지기 생활을 버리고, 노예 같은 노동에서 벗어나는 것이니 별로 대단한 일이 아니었다.

그런데 요즘은 현령이 죽어도 그 자손들이 몇 대에 걸쳐 수레를 타게 되니 사람들은 이제 그 자리를 중히 여긴다. 그러니 옛날에 천자를 그만두는 것은 쉽지만, 요즘 현령 자리를 버리기 어려운 것은 그 실익이 다르기 때문이다. 흉년이 든 이듬해 봄에는 어린 동생에게 밥을 먹이지 않지만, 풍년이 든 가을엔 멀리서 온 나그네에게도 밥을 먹인다.

이는 골육을 멀리하고 나그네를 사랑하는 게 아니라,

재화의 많고 적은 실익이 다르기 때문이다. 옛날에 재물을 가볍게 여긴 것은 어질어서가 아니라 재물이 많아서였고, 지금 쟁탈을 벌이는 것은 야비해서가 아니라 재물이 적기 때문이다. 옛날 천자 자리를 쉽게 버린 것은 고상해서가 아니라 위세가 낮았기 때문이고, 지금 벼슬자리를 다투는 것은 비열해서가 아니라 이권이 무겁기 때문이다.

그러므로 좋은 정치란 많고 적음, 박하고 후함을 따져서 행하는 것이다. 벌을 가볍게 한다고 자비로운 것이 아니고 처형이 엄하다고 잔혹한 게 아니다. 다만 그 시대적 사정을 잘 파악해 행하는 것이다.

이처럼 옛날과 지금은 풍속과 시대적 상황이 다르다. 너그럽고 느린 정책으로 급한 세상의 백성을 다스리려는 것은 고삐나 채찍도 없이 사나운 말을 부리려는 것과 같다.

"부자 관계도 틀어지는데, 군주가 부모 같은 마음으로 어떻게 백성을 다스릴 수 있는가."

지금 유가와 묵가는 "선왕은 천하의 백성 사랑하기를 부모와 같이 하였고, 왕이 사형 보고를 들으면 눈물을 흘렸다"고 주장한다. 그러면서 군신 관계를 부자 관계처럼 생각하고, 백성을 사랑(仁)으로 다스려야 한다고 주장한다.

이 말은 부모자식 관계는 틀어지지 않는다는 확고한 믿음을 전제로 한다. 물론 사람의 정이란 부모보다 앞선 것은 없다. 그러나 아무리 애정이 두텁다고 어찌 사이가 틀어지지 않을 수 있는가. 만일 자식이 틀어지면 부모도 다스릴 수 없는데, 왕이 부모 같은 마음으로 틀어진 백성을 어찌 다스릴 수 있겠는가.

사형 보고에 눈물을 흘린 것은 인을 드러낸 것이긴 하나, 그러면서도 형벌을 가한 것은 법을 우선한 것이다. 결국 선왕도 법을 우선하고 눈물을 따르지 않았으니 인이 곧 정치의 수단이 될 수 없음은 분명하다.

"사람은 위세에는 굴복해도 의를 따르기는 어렵다."

공자는 천하의 성인이다. 행실을 닦고 도를 밝혀 온 천하의 백성들이 그가 말하는 인을 좋아하고, 의를 찬미하였다. 그러나 그의 제자가 되어 인의를 따르고자 시도해본 이는 일흔 명에 불과했다.

노나라 애공은 질적으로 매우 떨어지는 하질의 군주다.

그런데 그가 군주가 되고, 도리어 공자는 그 신하가 되었다. 공자도 의에 따른 것이 아니라 군주라는 자리의 위세에 굴복한 것이다. 의로 따진다면 공자가 애공에게 복종할 수 없으나, 세에 의존하면 애공도 공자를 신하로 삼을 수 있는 것이다.

소위 학자들은 말한다.

"왕은 자리에 의존하지 말고 인의를 따라야 한다."

인의를 행하면 왕 노릇을 잘할 수 있다는 말이다.

그렇다면 이 말은 왕이라면 공자의 수준에 미쳐야 하고, 백성은 그 제자들의 수준에는 도달해야 한다는 말이다. 그런데 실로 이제껏 보건대 세상에서 인의를 실제로 행한 사람은 공자 한 사람이었다. 그의 생전에도 천하의 만인이 그를 칭송하고 그 인의를 흠모했으나 실제로 그를 따른 제자는 일흔 명밖에 되지 않는다.

군주는 공자처럼, 백성은 공자의 제자들처럼...

공자 생전에도 가능하지 않았던 그 일이 과연 지금 실현 가능한 얘기인가?

"사람은 본래 사랑에는 기어오르고, 위협하면 듣는다."

성정이 불량한 자식에게 부모가 혼내고 고쳐보려 해도

고치지 않고, 마을 어른이 꾸짖어도 움직이지 않고, 스승이 가르쳐도 바꾸려 하지 않는다고 하자.

이처럼 부모의 사랑, 어른과 스승의 교화와 지혜로 이끌 수 없는 사람이 있다. 그러나 주부의 관리(경찰)가 관병을 끌고 법을 내세워 간악한 자들을 잡아들이면, 그들은 두려워 행동을 삼가게 된다.

부모 사랑이 자식 가르치기에 부족하고, 법을 앞세워야 하는 까닭은 본래 사람은 사랑엔 기어오르지만, 위협을 가하는 말은 잘 듣기 때문이다.

"세상이 어지러운 건 명성만 찬미하고 공적은 재촉하지 않아서다."

유자들은 문文으로 법을 어지럽히고, 협객은 무武로 금령을 어기지만 군주가 그들을 예우하니 세상이 어지러워진다. 노나라 사람이 전쟁터에서 세 번 싸워 세 번 도망쳤다. 공자가 물으니 "늙은 아버지를 봉양하지 못할까 걱정한 때문"이라고 답하자 공자는 이를 효의 본보기로 천거해 위로 올렸다.

이로 미루어보면 아버지의 효자는 군주의 역신이다. 그럼에도 공자가 상을 주니, 노나라 백성들은 쉽게 항복하고 달아나게 되었다. 아래와 위의 이해는 이렇게 다르다.

옛날에 문자를 처음 만든 창힐이 동그라미를 그린 것을 사私라 하였고, 이 둥근 원을 파기해 반하도록 한 것을 공公이라고 불렀다. 공과 사가 이렇게 서로 반하는 개념이라는 것을 고대의 창힐도 알고 있었다.

그런데도 그 이해를 똑같다고 생각하는 것은 필부들이 좋아하는 계산법, 즉 공이 없어도 일을 맡고, 작위가 없어도 영예가 드러나는 것뿐이며, 이런 계산이 그대로 통한다면 나라는 어지러워지고 군주는 위태롭게 될 것이다.

요즘의 군주는 아름다운 변설만 좋아하고 그것이 맞는지는 살피지 않는다. 이 때문에 많은 사람이 말만 날카롭게 하여 변설에만 힘쓰고, 실용에는 미치지 못한다.

그래서 선왕을 들어 인의를 말하는 자가 조정에 가득하지만 정사는 어지러움을 면치 못한다.

"소맷자락이 길면 춤을 잘 추고, 돈이 많으면 장사를 잘한다."

밑천이 많아야 일하기 쉽다는 말이다. 나라가 다스려지고 강하면 기획과 계책을 꾸미기 쉽고, 약하고 어지러우면 계략을 세우기 어렵다.

그러므로 진秦나라에 등용된 관리는 계획을 열 번 고쳐도 실패하는 일이 드물고, 연燕나라에 등용된 자는 한 번만 변경해도 성사되는 일이 드물다.

이는 진나라 관리가 더 지혜롭고, 연나라 관리가 어리석어서가 아니다. 대개 정치가 안정되고 잘 다스려지는 나라와 어지러운 나라는 밑천이 다르기 때문이다.

그러므로 말재주를 닦고 지혜를 벼리는 자들이 출세하는 나라가 아니라 나라의 힘과 실력을 키우는 것만이 결코 망하지 않는 정치술이 될 것이다.

[한비자의 스케치]를 마치며

<현학>편에 실린 일화로 스케치를 마치려고 한다.

"용모로 사람을 취했더니 자우로 실수하고, 말솜씨로 사람을 취했더니 재여로 실수했다."

공자가 제자로 받아들였던 첨대자우는 용모가 모범적 군자에게 기대되는 바로 그 자체였다. 이에 공자는 큰 기대를 걸고 그를 제자로 삼았다. 그러나 오래 함께하다 보니 그 행동이 용모에 맞지 않았다.

또 말을 하면 바로 군자가 하는 말의 정석이라 할 만큼 수려한 말솜씨를 가진 재여를 기쁘게 제자로 삼았다. 그러나 함께하다 보니 그가 언변에 비해 머리가 좋지 않다는 사실이 드러났다.

이에 공자가 스스로 한탄하며 사람을 보는 자신의 안목에 실수가 있었음을 인정하였다.

한비자가 말한다.

"공자의 지혜로도 진실을 잘못 보고, 언변과 용모에

속아 사람을 잘못 썼는데 겉모습을 보고 사람을 (중요한 관리로) 임용한다면 어찌 실수하지 않기를 기대할 수 있는가."

"공구와 묵적이 없는데 누가 지금 유·묵가의 학설 중 어디가 옳다고 판정할 수 있는가."

지금 세상에 확실한 계보를 가지고 많은 이가 따르는 현학은 유가와 묵가이다. 유가의 제일인 공구가 죽고 그 후로 자장의 유가, 자사의 유가, 맹씨의 유가, 안씨의 유가 등등 여덟 집안이 정통 유가를 주장한다.
묵가의 제일인 묵적이 죽은 후 상리 씨의 묵가, 등릉 씨의 묵가, 상부 씨의 묵가까지 세 집안이 정통 묵가를 주장한다.
유가와 묵가는 모두 요순을 칭송하지만, 그 주장은 집안마다 서로 엇갈려 같지 않으니 어디가 진실인지 알 수 없다.
게다가 이들이 기반에 두고 있는 요순의 도는 삼천여 년 전의 일인데 이를 어떻게 확인할 수 있는가.
확증도 없이 단정하는 것은 어리석으며, 그것을 확인할 수 없으면서도 이를 근거로 삼는 것은 속임수다.

지금은 세습 군주가 다스리는 시대가 아니라 국민이 대통령과 국회의원을 뽑아 나랏일을 위임하는 시대입니다. 한비자 시대의 '군주'가 해야 할 일을 이젠 국민들이 해야 한다는 것이지요. 그러니 우리는 정치인의 자질을 잘 보는 안목까지 갖춰야 시민으로서 실수하지 않고 살 수 있는 시대를 살고 있다는 것입니다.

참으로 어려운 것은 사람을 겉모습만으로, 혹은 그들이 목청높여 주장하는 것을 근거로 믿을 수 없다는 것이겠죠. 그러나 어쨌든 이제 정치의 혼란을 바로 잡는 것은 국민들이 스스로 안목을 키우는 길 밖에 없는 것은 아닐까요.

이 옛날 이야기들이 그런 안목을 키우는 데 도움이 되었기를 바랍니다.

정치적 인간의 우화
한비자의 스케치

발행일 2024년 9월 1일
지은이 양선희
발행처 독서일가
출판신고 2024-000131
Tel 02-6489-2020
Fax 0303-3445-2449
e-mail mail@dsilga.com
홈페이지 http://dsilga.com

ISBN 979-11-91506-17-4
값 15,500원

Copyright 독서일가 2024